W0094146

Rheinischer Verein
für Denkmalpflege
und Landschaftsschutz

Prof. Dr. Harald Koschik
Leiter des Rheinischen Amtes für Bodendenkmalpflege
1987 bis 2004
gewidmet

Landschaftsverband Rheinland,
Rheinisches Amt für Bodendenkmalpflege
und
Rheinischer Verein für
Denkmalpflege und Landschaftsschutz (Hrsg.)

Spurensuche
in Xanten

Ein archäologischer Wanderführer

Julia Obladen-Kauder

Ministerium für
Bauen und Verkehr
des Landes
Nordrhein-Westfalen

Rheinischer Verein
für Denkmalpflege
und Landschaftsschutz

Redaktion: Karl Peter Wiemer

1. Auflage 2005
Satz und Gestaltung: Klartext Medienwerkstatt GmbH, Essen
Druck und Bindung: Elbe Druckerei Wittenberg GmbH
© Verlag des Rheinischen Vereins für Denkmalpflege und Landschaftsschutz, Köln 2005
© Topographische Karten: Landesvermessungsamt NRW, Bonn, 2004 022
ISBN 3-88094-927-1
Alle Rechte vorbehalten
www.rheinischer-verein.de

Inhalt

Vorwort

Der Geschichts- und Erlebnisraum Xanten sucht in Nordrhein-Westfalen seines gleichen. Die von hügeligem Geschiebe eiszeitlicher Gletscher und naturgeschützten Altrheinarmen geprägte Landschaft ist von außerordentlichem Reiz; sie atmet überall Geschichte. Auf dem Fürstenberg bei Birten das Areal des ehemaligen römischen Doppellegionslagers Vetera I, nördlich davon die Reste der Colonia Ulpia Traiana, der einzigen nicht überbauten Römerstadt diesseits der Alpen, dazwischen das mittelalterliche Xanten mit der Stiftsimmunität und den beiden alles überragenden, weithin sichtbaren Domtürmen von St. Viktor.

Das Land Nordrhein-Westfalen, der Landschaftsverband Rheinland und die Stadt Xanten haben schon früh die wirtschaftliche Bedeutung dieses enormen Potentials an Natur und Kultur für den linken unteren Niederrhein und darüber hinaus erkannt. Seit 1974 entsteht über der römischen Stadt der Archäologische Park Xanten; seine Rekonstruktionen vermitteln inzwischen jährlich Hunderttausenden von Besuchern aus nah und fern anschaulich antike Bau- und Stadtkultur. Im teilrekonstruierten Amphitheater haben sich die Xantener Sommerfestspiele mit ihrem vielseitigen Opern-, Operetten- und Musicalprogramm fest etabliert. In Xanten selbst wurde städtebaulich alles getan, um das mittelalterliche Stadtbild – insbesondere die einst so eindrucksvolle, von wehrhaften Türmen und Toranlagen beherrschte und in Teilen noch erhaltene Stadtbefestigung – wieder erfahrbar zu machen; es zählt jetzt wieder zu den attraktivsten im Lande. So entwickelte sich Xanten im Laufe der Jahre zu einem Zentrum des Kulturtourismus, das mit seiner dadurch bedingten Wirtschaftskraft und seinen beachtlichen Arbeitsmarkteffekten weit in die ansonsten eher strukturschwache Region ausstrahlt.

Nichts aber ist so gut, als dass es nicht noch besser werden könnte. Zudem bedeutet Stillstand in der Regel Rückschritt. Wird nichts Neues mehr geboten, bleibt bekanntlich das Publikum aus. Deshalb wurde Ende 2002 auf Veranlassung des Ministers für Städtebau und Wohnen, Kultur und Sport NRW, Dr. Michael Vesper, in Zusammenarbeit mit dem Landschaftsverband und der Stadt Xanten ein den finanziellen Möglichkeiten aller Beteiligten angepasstes, mehrjähriges Programm zum Ausbau und zur Weiterentwicklung des Geschichts- und Erlebnisraumes Xanten in den nächsten 25 bis 35 Jahren erarbeitet.

Es sieht unter anderem zunächst einmal vor, auch den Westteil der ehemaligen Colonia Ulpia Traiana in den Archäologischen Park zu integrieren und weitere Teile der antiken Stadt zu rekonstruieren. Ein neues Museum wird an Ort und Stelle umfassend über die Geschichte des Xantener Raumes in römischer Zeit unterrichten. Auch das mittelalterliche Xanten soll durch entsprechende Bau- und Gestaltungsmaßnahmen weiter an Profil, Atmosphäre und Unverwechselbarkeit gewinnen. Dabei dürfte der von der Kirche geplante Neubau des Stiftsmuseums mit seinen zahlreichen vornehmlich sakralen Kostbarkeiten aus dem Mittelalter und der frühen Neuzeit im Immunitätsbereich des Domes zweifellos einen besonderen Akzent setzen.

Das ehrgeizigste und vermutlich langwierigste Vorhaben ist in diesem Zusammenhang wohl das des Rheinischen Vereins für Denkmalpflege und Landschaftsschutz, die Flächen des ehemaligen Römerlagers Vetera I auf dem Fürstenberg mit Hilfe der Nordrhein-Westfalen-Stiftung Naturschutz, Heimat und Kulturpflege käuflich zu erwerben, sie in einen Archäologischen Landschaftspark umzuwandeln und auf diese Weise eines der international bekanntesten Bodendenkmäler in Deutschland nicht nur dauerhaft zu schützen, sondern es zugleich auch zumindest in seinen durch Ausgrabungen und Luftbildperspektiven früherer Jahre bekannten Strukturen durch markierende Bepflanzungen einer breiteren Öffentlichkeit zu vermitteln. Dem Verein und der Stiftung gebührt für diese Initiative, die eines außerordentlich langen Atems bedarf, im Interesse der Bewahrung und Sicherung einer überaus reichen historischen Kulturlandschaft besonderer Dank.

Mit dem vorliegenden Führer werden die Besucher erstmals in die Lage versetzt, die zahlreichen im Gelände und im Stadtbild noch erhaltenen oder wieder sichtbar gemachten Zeugnisse der mehr als 1.200-jährigen Geschichte des Xantener Domes unter kundiger Anleitung selbst zu erwandern. Die kenntnisreichen Erklärungen verdeutlichen, dass sie fast alle auch mit menschlichen Schicksalen und spannenden Geschichten verbunden sind. Mit dieser Publikation wird zugleich ein Projekt realisiert, das auf der Agenda des besagten Mehrjahresprogramms zum Ausbau und zur weiteren Entwicklung des Geschichts- und Erlebnisraumes Xanten ganz oben steht.

Wir hoffen, dass dieser Wanderführer auf großes Interesse stößt. Möge er Lust auf ein Erlebnis ganz besonderer Art machen und möglichst viele in Nordrhein-Westfalen und in ganz Deutschland, aber auch in den benachbarten Niederlanden und anderswo in Europa dazu verleiten, sich nach Xanten aufzumachen und dort auf eine in jeder Beziehung vergnügliche und erlebnisreiche „Spurensuche" zu gehen. Möge sein Erfolg auch die weiteren Vorhaben beflügeln.

Prof. Dr. Heinz Günter Horn
Ministerium für Bauen und Verkehr
des Landes Nordrhein-Westfalen

Dr. Gert Schönfeld
Landschaftsverband Rheinland

Christian Strunk
Stadt Xanten

Dr. Norbert Heinen
Rheinischer Verein für
Denkmalpflege und Landschaftsschutz

Benutzerhinweise

Der vorliegende Wanderführer besteht aus zwei Teilen, die zwar inhaltlich aufeinander Bezug nehmen, aber dennoch völlig unabhängig voneinander gelesen werden können. Dabei geht es um ein allgemeines, einführendes Kapitel über die Besiedlungsgeschichte des Xantener Raumes von der Altsteinzeit bis heute und um die Einzeldarstellungen, die die jeweiligen Stationen des Wanderweges beschreiben (vgl. Faltplan 1). Konkret bedeutet dies: Wer sich zum Beispiel über die römischen Straßen auf Xantener Boden informieren möchte, kann sich den entsprechenden Abschnitt innerhalb der Einzeldarstellungen vornehmen, muss jedoch nicht vorab das Kapitel „Xanten in römischer Zeit" gelesen haben. Quereinstiege irgendwo innerhalb der Einzeldarstellungen sind jederzeit möglich.

Neben der großen Anzahl an Abbildungen und Kartenausschnitten gibt es auch Faltpläne. Faltplan 1 zeigt die 19 Stationen des Wanderweges auf. Faltplan 3 enthält noch einmal gesondert die Stationen im eigentlichen Stadtgebiet. Der Spaziergang beginnt in der Ortschaft Birten, führt Sie vorbei am antiken Amphitheater über den Fürstenberg, durch den Hohlweg bis zu einer Kapelle, die auf dem Grund eines mittelalterlichen Klosters (Kloster Fürstenberg) errichtet wurde. Sie folgen dem Weg bis zur mittelalterlichen Stadtbefestigung Xantens, durch den historischen Stadtkern und die Stiftsimmunität mit dem majestätischen Dom, durch das einzige noch in Gänze erhaltene Stadttor (Klever Tor) bis zum Archäologischen Park Xanten, der sich auf dem Grundriss der römischen Stadt (Colonia Ulpia Traiana) erstreckt. Man kann die beschriebene, „archäologische Reise" natürlich auch rückwärts aufrollen.

Alle soeben genannten Anlaufpunkte sind in Teilbereichen noch heute sichtbare Zeugnisse der wechselvollen Geschichte Xantens. Darüber hinaus gibt es viele Stationen, die nur mittels Rekonstruktionszeichnungen, Fotos oder historischer Abbildungen erlebbar gemacht werden können. Ihre baulichen Relikte befinden sich zum Teil noch im Boden bzw. sind ausschnittweise bei archäologischen Grabungen zutage gekommen. Dazu gehören die antiken Legionslager, Siedlungsbereiche, Handwerksbetriebe, Straßen, Wasserleitungen und Gräberfelder sowie die frühmittelalterlichen Vorgängerbauten des Xantener Doms. Diverse Zeugnisse aus dem Mittelalter oder der frühen Neuzeit sind auch auf alten Karten und Gemälden abgebildet. Hierzu zählen das Kloster Fürstenberg, der Galgenplatz, das Leprosenhaus sowie große Teile der Stadtbefestigung und Stiftsimmunität. Die Einzeldarstellungen folgen in ihrer Nummerierung konsequent der Route des Wanderweges. Das bedeutet, dass innerhalb der archäologischen bzw. historischen Epochen zwischen römischer Zeit und Mittelalter oder Neuzeit hin und her gewechselt wird.

An dieser Stelle noch ein kurzer Hinweis auf den Anhang: Dort finden Sie unter anderem eine Zeittafel, ein Register der erwähnten historischen Personen und eine Liste der römischen Ortsnamen. Die Zeittafel beginnt bei der vorletzten Eiszeit vor rund 240.000 Jahren und endet nach dem Zweiten Weltkrieg. Das Personenregister enthält jeweils eine Kurzbeschreibung mit wichtigen Eckdaten der genannten historischen Persönlichkeit. Den antiken Ortsnamen sind die heutigen Städtenamen zugeordnet.

Und nun: Allen Interessierten
viel Vergnügen auf der
„archäologischen Reise" in Xanten und Umgebung!

Die Landschaft

Das Landschaftsbild des Xantener Raums ist für die Besucherin bzw. den Betrachter sichtbar geprägt durch einige Naturereignisse der jüngeren Erdgeschichte. So hinden eine herausragende Bedeutung: Sie eignete sich bestens für die Anlage einer militärischen Befestigung in römischer Zeit, da ihre Höhe eine Weitsicht bis hin zur Mün-

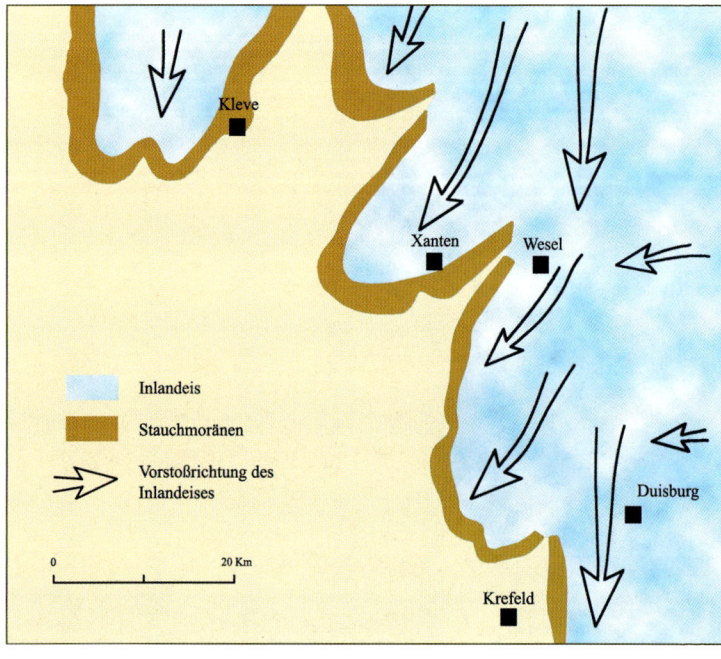

Abb. 1: Stauchmoränenbildung am unteren Niederrhein während der vorletzten Eiszeit

terließ die vorletzte Kaltzeit (Saale-Eiszeit) hier deutlich wahrnehmbar die Stauchmoränen. Sie bildeten sich, als vor rund 240.000 Jahren von der vorrückenden Eisfront große Mengen an Sand, Kies und Geröll aufgetürmt wurden, die nach dem Rückzug des Eises liegen blieben (Abb. 1). Man findet die Moränen am linken Niederrhein als langgestreckten Höhenzug zwischen Kleve (Reichswald) und Krefeld (Hülser Berg). Sie wurden nach und nach mit Flugsand und in den letzten 12.000 Jahren mit Löß bedeckt. Im direkten Umfeld von Xanten hatte in der Vergangenheit vor allem die heute Fürstenberg genannte Erhebung aus strategischen Grün-

dung der Lippe in den Rhein und darüber hinaus ermöglichte (s.u., Seite 20 u. Nr. 1).

Auch der Rhein und sein Fließverhalten haben das Landschaftsbild im Laufe der Geschichte immer wieder beeinflusst. Am Ende der letzten Kaltzeit (Weichsel-Eiszeit)

Abb. 3: Flussbettverlagerungen des Rheins im Raum Xanten während der letzten 2.000 Jahre und Standorte der beiden römischen Legionslager Vetera I und Vetera II sowie der antiken Stadt Colonia Ulpia Traiana (CUT)

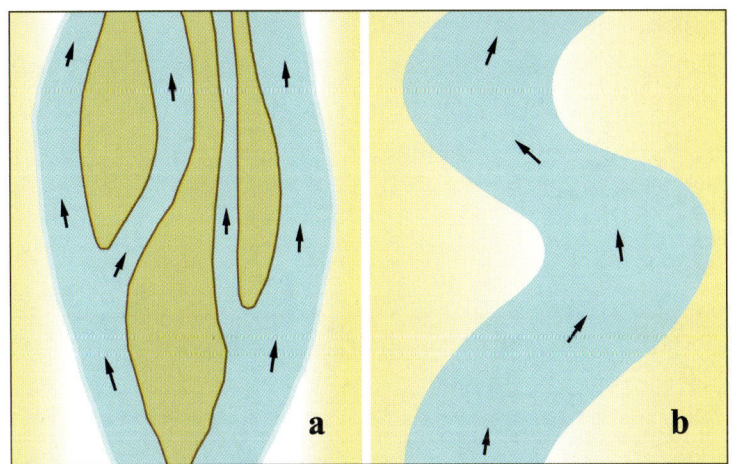

Abb. 2: Verzweigtes Fluss-System (a) und mäandrierender Strom (b)

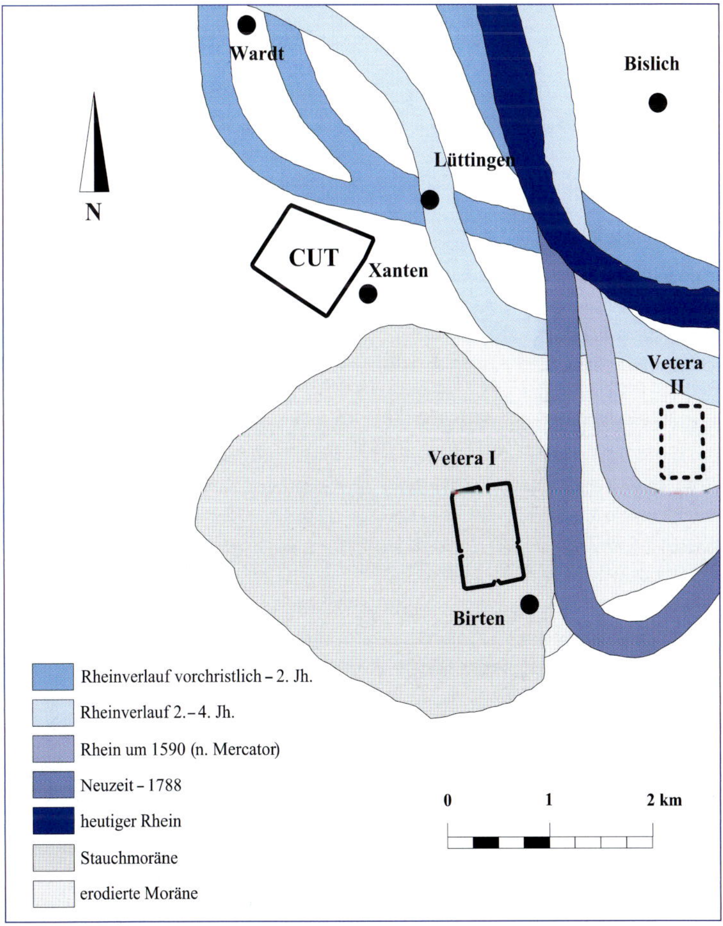

N

Wardt

Bislich

Lüttingen

CUT

Xanten

Vetera II

Vetera I

Birten

	Rheinverlauf vorchristlich – 2. Jh.
	Rheinverlauf 2. – 4. Jh.
	Rhein um 1590 (n. Mercator)
	Neuzeit – 1788
	heutiger Rhein
	Stauchmoräne
	erodierte Moräne

0 1 2 km

Abb. 4: Luftaufnahme vom „Alten Rhein" am Fuße des Fürstenbergs (links im Bild)

begann sich vor rund 12.000 Jahren die Erdatmosphäre wieder zu erwärmen. Aufgrund der Eisschmelze stieg der Meeresspiegel erheblich an. Dadurch verringerte sich das Stromgefälle von der Quelle bis zur Mündung. Je nach wärmeren oder etwas kühleren Klimaperioden gab es in der Folgezeit abwechselnd einen mehr oder weniger stark mäandrierenden Hauptstrom oder aber ein stark verzweigtes, aus mehreren Armen bestehendes Fluss-System (Abb. 2). Das Ergebnis der ständigen Strombettverlagerungen des Rheins war bis in die frühe Neuzeit hinein eine Überprägung der Auenlandschaft: Anstehende Böden und damit auch Besiedlungsrelikte wurden abgeschwemmt (s.u., Seite 21) oder aber mit neuen Sedimenten überlagert. Einige Bereiche blieben als inselartige Areale bestehen und galten als bevorzugte Siedlungsflächen, da sie hochwasserfrei waren (s.u., Seite 22). Ein Beispiel der letzten 1.000 Jahre für den ständigen Standortwechsel einer Siedlung stellt der heute südlich des Fürstenbergs gelegene Ort Birten dar, der infolge der Flussbettverlagerungen mindestens viermal in Richtung Westen wandern

musste (Abb. 3). Der Rest der spätmittelalterlich-frühneuzeitlichen Rheinschlinge, die den Ortswechsel verursacht hat, befindet sich heute noch rechter Hand der B 57 kurz vor Xanten, wenn man die Stadt von Süden her anfährt (Abb. 4).

Die Rheinaue, die in Richtung Nordwesten stetig breiter wird, ist seitlich begrenzt durch die im Eiszeitalter gebildeten Terrassen. Xanten liegt heute ca. 1,5 km vom Strom entfernt, direkt auf dem Rand der Niederterrasse. Diese weist fruchtbare Braun- und Parabraunerden auf, ein wesentlicher Faktor für Ackerbau. Die Aue bietet einen prächtigen Nährboden für Wiesen bzw. Weiden. Eine Begleiterscheinung der ständigen Flussbettwechsel in den letzten Jahrtausenden ist, dass sich am unteren Niederrhein bis in große Tiefen mächtige Pakete Sand und Kies abgelagert haben. Daher bestimmen heute große, wassergefüllte Baggerlöcher das Erscheinungsbild (Abb. 5). Allein zwischen Duisburg und Emmerich ist hierfür in den letzten 100 Jahren ein Flächenverbrauch von zusammen genommen rund 70 Quadratkilometern nachgewiesen. Vor den Toren der Stadt Xanten wurden große Kiesgruben in ein Naherholungsgebiet (Xantener Nord- und Südsee) mit Wassersportmöglichkeiten sowie Rad- und Wanderwegen an den Ufern umgewandelt. Sie stellen damit ein attraktives Ausflugsziel dar, das vor allem von den Einwohnern der benachbarten Großstädte gerne besucht wird.

Außer Sand und Kies, die seit Ende des 19. Jh. am Niederrhein abgebaut werden, sind obertägig zu erschließende Rohstoffvorkommen eher rar. Man schürfte allerdings bereits in vorrömischer Zeit oberflächennahes Raseneisenerz, das sich unter Beteiligung von Mikroorganismen aus eisenhaltigem Grundwasser in Verbindung mit Sauerstoff und Huminsäure gebildet hatte. Es diente als Grundstoff für die Herstellung von Waffen, Werkzeugen und

Schmuck (s.u., Seite 17f.). Tonvorkommen für die Keramik- und Ziegelproduktion (s. u., Nr. 8 u. 14) gibt es in der Rheinaue und als Einschlüsse in den Moränen. Gesteine, die sich z. B. für den Hausbau eignen, findet man erst südwestlich von Neuss am Liedberg und in der Eifel oder aber rechtsrheinisch im Bergischen Land und im Siebengebirge. Sie wurden schon in römischer Zeit zu Bauzwecken bis an den unteren Niederrhein transportiert (s.u., Seite 23), während in den urgeschichtlichen Epochen für die Errichtung von Häusern überwiegend Lehm und Holz zur Anwendung kamen (s. u., Seite 16f.). Die Laubmischwälder, die das Bauholz lieferten, begannen sich hier vor rund 8.500 Jahren zu entwickeln, als das Klima allmählich warm und niederschlagsreich wurde.

Abb. 5: Kiesgrube aus den 1980–1990er Jahren in Xanten-Lüttingen; nach der Rekultivierung befindet sich hier heute ein Naherholungsgebiet mit großem Freizeitangebot

Urgeschichte im Raum Xanten

(siehe Zeittafel, Seite 100)

Die älteste, in unserem Raum fassbare Kulturstufe der Menschheit, **Altsteinzeit** genannt, wurde beherrscht durch die Jagd auf Wildtiere. Hinzu kam das Sammeln von Beeren und Früchten, Knollen und Pilzen sowie Wildkräutern. Hauptwerkstoff für Geräte und Waffen war damals Gestein, das zunächst nur behauen und nicht geschliffen wurde. Daneben gab es Gerätschaften aus Holz, Geweih und Knochen, die sich zumeist nicht erhalten haben. Berühmtester Vertreter der Altsteinzeit ist im Rheinland der Neandertaler, der in der letzten Eiszeit vor etwa 100.000 bis 35.000 Jahren lebte.

Abb. 6: Rastplatz im Flachland aus der Zeit der Neandertaler vor ca. 90.000 Jahren

Abb. 7: Saisonaler Rastplatz aus der mittleren Steinzeit vor ca. 10.000–8.000 Jahren

Danach wanderte der „moderne" Mensch, von dem wir abstammen, in unsere Gegenden ein. Was schließlich aus dem Neandertaler geworden ist, wissen wir nicht.

Das Inlandeis war in der letzten Kaltzeit (Weichsel-Eiszeit) nicht mehr bis an den Niederrhein vorgedrungen. Daher glich die Landschaft hier einer mit Gräsern und niedrigem Buschwerk bewachsenen Tundra, in der als jagdbares Wild Mammut, Wollnashorn, Wisent, Moschusochse, diverse Hirscharten, Wildpferd und Rentier lebten. Abhängig vom geographischen Raum sowie von Klima und Jahreszeit suchte der altsteinzeitliche Mensch als Wohnstätte Höhlen oder Felsüberhänge auf. In der Ebene wurden in der Nähe von Gewässern leichte, zeltartige Unterkünfte aus Holz, Rinde, Schilf, Gräsern, Moos und Fellen gebaut (Abb. 6). Im Raum Xanten sind bisher aus der Altsteinzeit noch keine Rastplätze nachgewiesen. Durch einige Knochenfunde, die vor allem aus den in der Nähe liegenden Kiesgruben stammen, wissen wir aber, dass vor Ort während der letzten Eiszeit Mammut, Wollnashorn, Mo-

schusochse, Steppenwisent, Wildpferd und Rentiere lebten.

Gegen Ende der letzten Eiszeit veränderten sich mit zunehmender Erwärmung auch die natürlichen Gegebenheiten. Aus der Tundra entwickelte sich eine lockere Waldlandschaft mit Kiefern, Erlen, Birken und Haselnusssträuchern. In der darauffolgenden **Mittelsteinzeit** setzte sich ab etwa 8.000 v. Chr. die Tierwelt aus Hirsch, Reh, Wildschwein, Hase und vielen Vogelarten zusammen, die häufig mit Pfeil und Bogen erlegt wurden. Neben der Jagd gewann nun zunehmend der Fischfang an Bedeutung. Waffen und Geräte bestanden immer noch aus behauenem Stein, allerdings jetzt auffallend zierlich und fein gearbeitet. Weitere Werkstoffe waren nach wie vor Holz, Geweih und Knochen. Die Rastplätze setzten sich zusammen aus einer lockeren Ansammlung von Hütten aus Holz, Gräsern oder Schilf (Abb. 7). Teile einer solchen saisonalen Siedlung kennen wir aus dem Umkreis von Xanten bis heute nur aus Alpen-Veen. Werkzeuge (Klingen) und Waffen (Pfeilspitzen) aus Feuerstein wurden im Raum Kalkar und in Alpen gefunden. Aus Xanten-Obermörmter und Wesel-Bislich stammen einige aus Hirschgeweih angefertigte Gerätschaften (Geweihhacken).

Mit Beginn der **Jungsteinzeit** um 5.500 v. Chr. kam es zu einschneidenden kulturellen Veränderungen. Ausgehend vom mittleren Donauraum und aus Südwesteuropa wanderten Menschen nach Mitteleuropa ein, die revolutionäre Neuerungen mit sich brachten. Die ersten jungsteinzeitlichen Siedler fanden ein feucht-warmes Klima und infolge dessen dichte Laubmischwälder vor. In der Nacheiszeit war an den Rändern der Flusstäler Löß angeweht worden, ein nährstoffreiches, besonders für den Ackerbau geeignetes Sediment.

Die Einwanderer gründeten Dörfer mit großen Häusern, in denen Mensch, Tier und Nahrungsvorräte „unter einem Dach" unter-

Abb. 8: Jungsteinzeitliche Ackerbauern und Viehzüchter bauen eine Siedlung

Abb. 9: Bronzegießer und Metallhandwerker bei der Arbeit

gebracht waren. Die Bauten waren aus mächtigen Holzpfosten errichtet. Ihre Wände bestanden aus Flechtwerk, das mit Lehm verputzt war. Die Dächer deckte man mit Stroh, Gräsern oder Holzschindeln (Abb. 8). Die Siedler bauten planmäßig Feldfrüchte und Getreide an und züchteten Rinder, Schweine, Schafe und Ziegen. Sie stellten Gefäße aus gebranntem Ton her, die der Zubereitung der Speisen, aber auch der Vorratshaltung dienten. Die Steinwerkzeuge waren nun durch Schliff und Politur verfeinert. Außerdem produzierte man Kleidung aus gewobenen Tuchen. Die Jungsteinzeit, in deren Verlauf die Dörfer und Häuser mal kleiner, mal größer waren und der wirtschaftliche Schwerpunkt mal mehr auf dem Ackerbau, mal mehr auf der Viehzucht lag, dauerte bis etwa 1.800 v. Chr.

Töpfereiprodukte aus der Jungsteinzeit wurden in Xanten im Bereich des Domes und im südlichen Stadtgebiet sowie in der Colonia Ulpia Traiana (s.u., Seite 22ff.) ausgegraben. Dazu kommen Steinwerkzeuge (z.B.

Klingen), die ebenfalls aus dem Dom und dem Stadtkern stammen. Sorgfältig geschliffene Beile kamen sowohl in den Xantener Ortschaften Birten, Wardt und Vynen, als auch in Kalkar-Appeldorn und Wesel-Bislich zutage. Eine Abfallgrube in Alpen-Veen, die auf Siedlungsaktivitäten schließen lässt, enthielt mehrere spät-jungsteinzeitliche Gefäßfragmente und Feuersteingeräte. Im Umfeld fanden sich einige Siedlungsbefunde, bestehend aus Pfostenspuren. Gräber aus der ausgehenden Steinzeit kennen wir aus der Colonia Ulpia Traiana, aus Alpen-Veen und Kalkar.

Bezeichnend für die folgenden **Metallzeiten** ist die Gewinnung und Weiterverarbeitung von Kupfer- und Eisenerzen sowie der Handel mit Rohstoffen und mit Halb- bzw. Fertigprodukten. Zum ersten Mal ist in der Urgeschichte eine berufliche Differenzierung spürbar: Es gibt den Erzschürfer oder Minenarbeiter, dann den Gießer (Bronzezeit, Abb. 9) bzw. den Schmied (Eisenzeit, Abb. 10) und schließlich den Händler,

Abb. 10: Herstellung eiserner Gegenstände in der Schmiede

der das Produkt an den Endverbraucher weiterleitet. Charakteristisch für die Metallzeiten ist unter anderem auch, dass zerbrochene oder beschädigte Bronze- und Eisengegenstände nicht wertlos wurden, da sie wieder eingeschmolzen und zu neuen Objekten verarbeitet werden konnten. Einen großen wirtschaftlichen Stellenwert hatte neben dem Metallhandwerk aber nach wie vor die Landwirtschaft.

Die **Bronzezeit** beginnt um etwa 1.800 v. Chr. und wird im 8. Jh. v. Chr. durch die **Eisenzeit** abgelöst. Die Herstellung von Bronzegegenständen eröffnete neue Perspektiven, da Werkzeuge, Waffen und Schmuck nun in Serie gegossen werden konnten. Außerdem waren die Geräte, bestehend aus einer Kupfer-Zinn-Legierung, wesentlich effektiver und haltbarer als solche aus Stein. Eisen bildet Bronze gegenüber eine weitere Qualitätssteigerung, da es einen wesentlich höheren Härtegrad besitzt. Die Bronzezeit ist im Raum Xanten vor

allem durch Funde belegt, die aus den umliegenden Kiesgruben in Lüttingen, Wardt und Vynen, aber auch aus dem Raum Wesel stammen. Nennenswert sind Schwerter, Lanzenspitzen, Beile, ein Dolch und eine Ziernadel. Die Eisenzeit ist ebenfalls mit Lanzenspitzen aus den Kiesgruben in Wardt und Vynen vertreten.

Während bronzezeitliche Siedlungen komplett fehlen, sind eisenzeitliche Siedlungsspuren aus der Colonia Ulpia Traiana, Alpen-Veen und Kalkar nachgewiesen. Häufiger kommen Gräber mit Geräten, Werkzeugen, Waffen und Schmuck als Beigaben vor. Hierbei handelt es sich fast ausnahmslos um Feuerbestattungen. Ein Friedhof im Bereich der Colonia Ulpia Traiana weist eine Belegung seit der Bronzezeit bis weit in die Eisenzeit hinein auf. Viele Gräber lagen ursprünglich unter Erdhügeln, die später jedoch wahrscheinlich im Vorfeld der römischen Siedlungsaktivitäten einplaniert wurden. Ein vergleichbares Gräberfeld wurde in

Abb. 11: Rekonstruktion eines Grabhügels mit Pfostenkranz; im Bereich der späteren Colonia Ulpia Traiana wurden vergleichbare Bestattungen nachgewiesen

Alpen-Veen archäologisch untersucht. Weitere eisenzeitliche Bestattungen kennen wir aus dem Bereich unterhalb des Xantener Doms und aus Xanten-Marienbaum (Abb. 11).

Xanten in römischer Zeit (Faltplan 2)

Bereits unter Iulius Caesar (100–44 v. Chr.) gab es nach der Eroberung Galliens einige Vorstöße über den Rhein, der eine natürliche Grenze zum freien Germanien (Germania libera) darstellte. Jedoch erst unter Augustus versuchten die Römer ihren Machtbereich entlang des Stroms in Richtung Norden auszudehnen. Es begann mit der Verlegung von Truppenteilen an den Niederrhein im Jahre 16 v. Chr., wo in Bonn und Neuss erste militärische Befestigungsanlagen entstanden. Ein Jahr später schlugen Drusus und Tiberius, die Stiefsöhne des Kaisers Augustus, die im Alpenvorland angesiedelten Räter und sicherten den norditalischen Raum sowie die Alpenpäs-

se. Im Jahre 13 v. Chr. übernahm Drusus das Oberkommando und begann mit der insgesamt rund vier Jahre dauernden Germanienoffensive, in deren Zuge Asciburgium (Moers-Asberg), Vetera I (s.u., Nr. 1) und Noviomagus (Nijmegen) als weitere Lager am Niederrhein erbaut wurden. Zwischen 12 v. Chr. und dem 2. Jahrzehnt n. Chr. gab es auch rechtsrheinisch entlang der Lippe einige militärische Befestigungen (Abb. 12).

Das Ziel, auch die Gebiete jenseits des Rheins bis hin zur Nordsee in Besitz zu nehmen, blieb trotz einiger Vorstöße in den Elb-Weser-Raum ohne Erfolg. Die Absicht der Römer scheiterte endgültig mit der schweren Niederlage in der Schlacht im Teutoburger Wald im Jahre 9 n. Chr., an der auch Soldaten der in Vetera I (s.u., Nr. 1) stationierten 18. Legion teilnahmen (s.u., Seite 43ff.). Dass das Gebiet jenseits des Rheins durch die Römer nicht vereinnahmt werden konnte, hatte langfristig Folgen: Es bereitete den Boden für die Allianz zwischen den rechtsrheinischen germanischen Stämmen. Ihre kriegerischen Einfälle in den römischen Machtbereich ab dem 3. Jh. n.

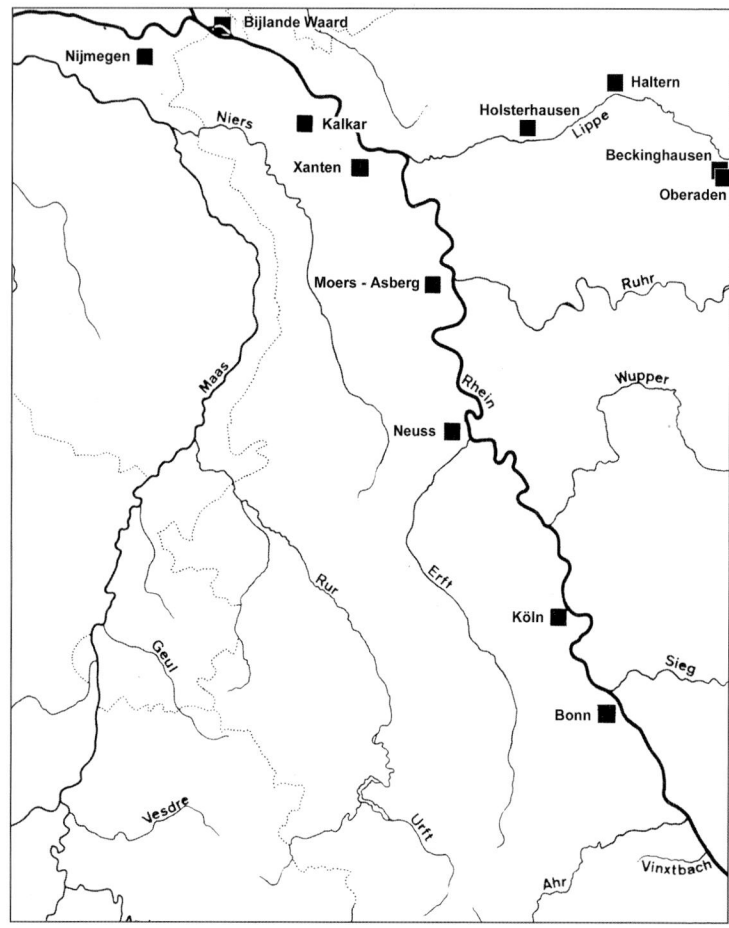

Abb. 12: Standort römischer Militärlager unter den Kaisern Augustus und Tiberius

Chr. führten schließlich im 5. Jh. zum Ende der römischen Herrschaft.

Wie oben beschrieben, waren im Jahre 12 v. Chr. die römischen Truppen unter Drusus bis in den Xantener Raum vorgerückt. Auf einer heute Fürstenberg genannten, rund 50 m über der Ebene gelegenen Endmoräne aus der vorletzten Eiszeit (s.o., Seite 10) errichteten sie ein Militärlager, das der römische Geschichtsschreiber Tacitus später in seinen Historien namentlich als „Vetera" (s.u., Nr. 1) erwähnt. Das römische Militär baute die Festung im 1. Jh. n. Chr. mehrfach

um bzw. aus. Seit etwa 10 n. Chr. ist hier die Stationierung von zwei Legionen, also von über 10.000 Soldaten, Verwaltungsbeamten, Handwerkern, usw. belegt. Das Lager wurde im Jahre 70 n. Chr. im Zuge des Bataver-Aufstandes zerstört. Der zuvor loyale germanische Volksstamm hatte sich mit einigen meuternden römischen Truppenteilen verbündet und gegen die Fremdherrschaft am Niederrhein empört. Eine neue Militäranlage entstand anschließend nicht auf dem Fürstenberg, sondern auf einem in östlicher Richtung gelegenen Gebiet in der Nähe des

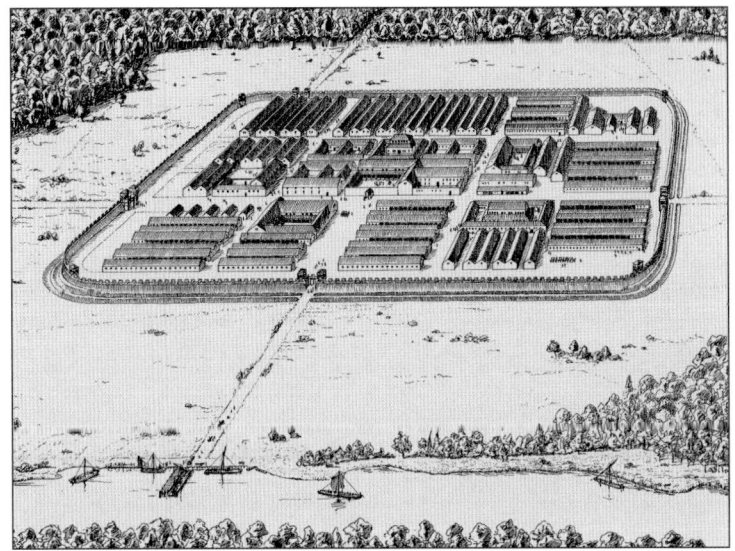

Abb. 13: Beispiel eines römischen Legionslagers mit Hafensituation

Rheins. Sie war nur für die Unterbringung einer Legion konzipiert und dementsprechend wesentlich kleiner (Abb. 13). Namentlich unterscheidet man beide Lager heute in Vetera **I** und Vetera **II**.

Den tatsächlichen Standort von Vetera II kannte man bis in die Mitte des 20. Jh. nicht. Als östlich von Vetera I, in der Nähe des heutigen Rheinlaufs, eine große Kiesgrube angelegt wurde, kamen durch den Saugbagger Keramikteile, bearbeitete Hölzer und Ziegel ans Tageslicht. Die Objekte stammten offensichtlich aus größerer Tiefe. Dies führte zu dem Entschluss, in dem Gewässer zu tauchen. Das Wasser war so trübe, dass man etwaige antike Architekturreste nur schwer mittels starker Unterwasserlampen orten konnte. Die Taucher fanden dennoch massives Mauerwerk, das allerdings umgestürzt war. Außerdem enthielten die geborgenen Funde neben römischer Keramik auch stark abgeschliffene mittelalterliche Scherben. Das gesamte Fundgut war in eine Kiesschicht eingebettet, die die Geologen eindeutig als altes Flussbett identifizierten.

Was also war mit Vetera II passiert? Man konnte nachweisen, dass der Rhein, der in antiker Zeit noch östlich des Legionslagers geflossen war, sein Bett seit dem 12. Jh. immer weiter in Richtung Süden bzw. Westen verlagert hatte (s.o., Seite 10f.). Er erreichte schließlich die architektonischen Überreste von Vetera II, dessen Mauerfundamente dem Wasserdruck nicht standhielten und umstürzten. Durch die Zerstörungen infolge der Stromverlagerung bzw. Überprägung der Landschaft ist eine genaue Rekonstruktion der Lagerstrukturen nicht mehr möglich. Wir wissen, dass in Vetera II nacheinander die 22. und 6. Legion sowie, bis zu der Zerstörung der militärischen Befestigung im Jahre 276 durch die Franken, die 30. Legion stationiert waren. Ihre stark verkleinerte Einheit wechselte dann in die Tricensimae, die Nachfolgesiedlung der Colonia Ulpia Traiana über (s.u., Seite 25f.).

In der Peripherie der niederrheinischen Militärbefestigungen entstanden im Laufe der Zeit die beiden einzigen römischen Großstädte am Niederrhein, die Colonia

Claudia Ara Agrippinensium (Köln, 50 n. Chr.) und die Colonia Ulpia Traiana (Xanten, 100 n. Chr.) sowie viele Handels-, Handwerker- und Gewerbeorte, die *Vici*. Im Raum Xanten gab es mindestens drei solcher Kleinsiedlungen: Je eine Niederlassung (die *Canabae legionis*) befand sich im Umfeld der Militärlager Vetera I (s.u., Nr. 1b) und Vetera II; ein Ausschnitt einer dritten Zivilsiedlung mit Keramikproduktion und Schmiedehandwerk konnte entlang der Limesstraße westlich des Domes archäologisch nachgewiesen werden (s.u., Nr. 14). Römische Gutsbetriebe im Hinterland trugen mit landwirtschaftlichen Produkten zur Ernährung der Soldaten und der Zivilbevölkerung bei. Zunächst wohl durch wirtschaftliche Kontakte lernte auch die einheimische Bevölkerung die Vorzüge der römischen Kultur kennen. Darüber hinaus fühlten sich die römischen Legionäre nach und nach heimisch. Aus dem Dienst ausgeschiedene Soldaten (Veteranen) siedelten sich mit der Zeit dauerhaft an.

Die durch die Römer okkupierten Landstriche Germaniens wurden erst gegen Ende des 1. Jh. n. Chr. in die Provinzen Germania inferior (Niedergermanien) mit der Hauptstadt Köln und Germania superior (Obergermanien) mit der Hauptstadt Mainz aufgeteilt. Allerdings waren bereits seit der Herrschaft von Tiberius (14–37 n. Chr.) regelmäßig Statthalter als politische Vertreter des Kaisers eingesetzt worden. Klaudius Ptolemaios beschreibt das geographische Gebiet Niedergermaniens im 2. Jh. folgendermaßen: „Der Teil des Landes am Rhein von der See [Anm. der Autorin: der niederländischen Nordseeküste bei Katwijk] bis zum Flusse Obrincas heißt Niedergermanien". Mit „Obrincas" ist der nördlich von Andernach gelegene linksrheinische Rheinzufluss Vinxtbach gemeint.

Nach dem Tode von Kaiser Nerva am 27. Januar des Jahres 98 n. Chr. trat Marcus Ulpius Traianus, der sich bereits seit 96 als Statthalter in Obergermanien (Mainz) aufhielt und seit 97 Mitregent war, die Herrschaftsnachfolge an. Kurz darauf, spätestens jedoch um 100 gründete er einige Kilometer nordwestlich von Vetera II (s.o., Seite 21) die Colonia Ulpia Traiana (CUT). Das Siedlungsareal lag auf einem erhöhten Landrücken. Es wurde im Nordosten durch einen Rheinarm des zu jener Zeit verzweigten Fluss-Systems begrenzt, als dessen Relikt heute noch ein Bachlauf, die Pistley existiert. Im Westen befand sich eine sumpfige Bruchlandschaft, ein Überbleibsel des späteiszeitlichen Rheins. Die CUT war nach Köln die einzige große Niederlassung in Niedergermanien, der dieselben Rechte wie Rom selbst zuerkannt wurden. Das bedeutete unter anderem auch, dass nur diejenige Person Einwohner werden konnte, die auch römisches Bürgerrecht hatte. Dies betraf zunächst die Veteranen (ehemalige Soldaten) der umliegenden Legionslager. Später kamen Händler und Handwerker aus angesehenen Familien des römischen Reiches hinzu, da die Stadt sich in ihrer Blütezeit in der 1. Hälfte des 2. Jh. als überregionaler Handelsplatz etabliert hatte.

Auf dem Gelände, das im Stammesgebiet der im Jahre 8 v. Chr. durch Tiberius auf das linke Rheinufer umgesiedelten Cugerner lag, gab es bereits lange vor der eigentlichen Stadtgründung Siedlungsspuren. Ein kleines, mit einem Graben und einer Holz-Erdemauer befestigtes Militärlager stammt aus der 1. Hälfte des 1. Jh. n. Chr. Etwas älter oder zeitgleich scheint eine aus Flechtwerk bestehende Rheinuferbefestigung zu sein, die als einfache Schiffslände diente. Eine weitere militärische Festungsanlage mit zwei Umfassungsgräben aus dem letzten Viertel des 1. Jh. fand sich im Bereich südlich des späteren Amphitheaters. Schließlich entwickelte sich im Verlaufe des 1. Jh. auch eine kleine zivile Niederlassung. Der Standort dieser Ortschaft, die sich bislang vor allem in der Nordosthälfte der späteren CUT archäologisch fassen lässt, wurde einerseits begünstigt durch den in unmit-

Abb. 14: Handwerker- und Gewerbegebiet am Rheinhafen im 1. Jh. n. Chr.

telbarer Nähe vorüber fließenden Rhein-
strom als wichtigen Transportweg, andererseits durch die hochwasserfreie Lage auf
dem Geländerücken. Einen weiteren ver-
kehrstechnischen Pluspunkt stellt die linksrheinische Fernstraße dar (s. u., Nr. 6/15),
die die Ansiedlung im Südwesten streifte.

Um 45 n. Chr. wurde der Rheinhafen mit
hölzernen Kaianlagen ausgebaut. In seiner
Umgebung konnten zahlreiche Handwerksbetriebe nachgewiesen werden. Neben Töp-
fern hatten sich dort Schuster, Korbflechter,
Seiler und Böttcher angesiedelt. Die Was-
sernähe sowie einige Brunnen lassen überdies auf die Tätigkeit von Färbern, Walkern
und Gerbern schließen. Die teils privat,
teils gewerblich genutzte Bebauung bestand vorwiegend aus einfachen Stampf-
lehm- und Fachwerkhäusern (Abb. 14) mit
Lehm- bzw. Holzdielenfußböden und Dächern aus Holzschindeln oder Ried. Der Ba-
taver-Aufstand, in dessen Zuge Vetera I im
Jahre 70 n. Chr. vernichtet wurde, brachte
auch für die vorcoloniazeitliche Siedlung
Zerstörungen mit sich. Beim unmittelbar
darauf folgenden Wiederaufbau der Häuser

wurden erstmals Stein- und Ziegelfunda-
mente errichtet. Im Vorfeld der Entstehung
der trajanischen Stadt scheint nahezu die
gesamte Vorgängersiedlung des 1. Jh. einplaniert worden zu sein.

Für die Errichtung der Gebäude der CUT
kam teilweise auch Bauschutt aus Vetera I
zum Einsatz, wie die Fundamente einer Anzahl von Privathäusern zeigen. Ansonsten
transportierte man Kalk- und Sandstein,
Grauwacke und Schiefer sowie Tuff, Basalt
und Trachyt per Schiff über Mosel und Rhein
vom Liedberg südöstlich von Neuss, aus
dem Siebengebirge und aus der Eifel heran.
Für die öffentlichen Verwaltungsgebäude
und Heiligtümer wurde sogar Marmor aus
Norditalien, Griechenland und Nordafrika
importiert. Es entstand eine 73 ha große,
befestigte Planstadt mit einem rechtwinkli-
gen Straßensystem und insgesamt 40
Wohn- und Gewerbevierteln. Diese *Insulae*
waren im Südwestteil der Stadt mit 120 ×
120 m gleich groß, passten sich jedoch im
Nordosten dem Flussbett mit dem Hafen an.
Neben der Wohnbebauung gab es Handwerksbetriebe, zahlreiche Tempel, ein gro-

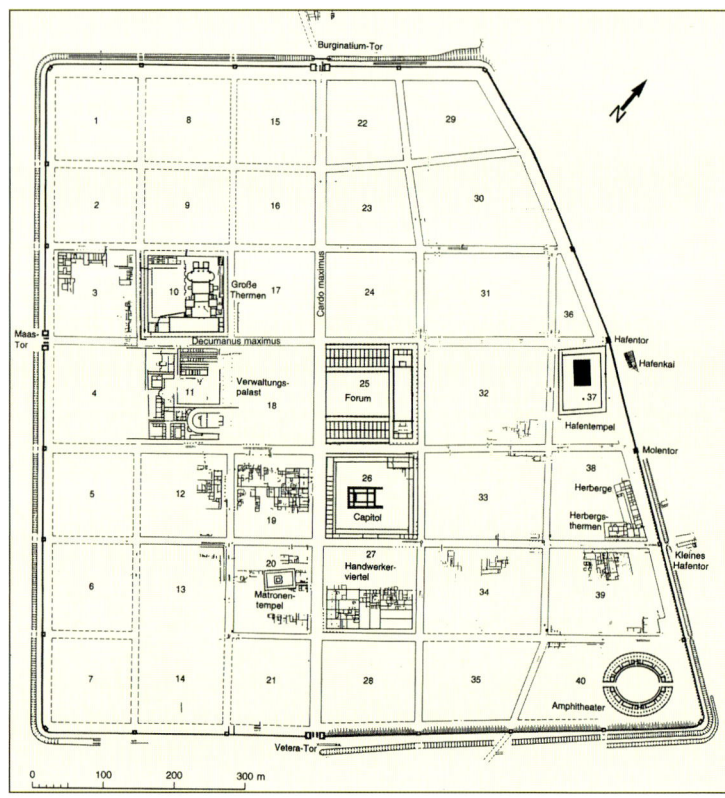

Abb. 15: Stadtplan der Colonia Ulpia Traiana mit den einzelnen Vierteln

ßes Bad, eine Herberge sowie ein Amphitheater mit rund 10.000 Sitzplätzen. An der Kreuzung der Hauptverkehrsachsen *Cardo maximus* und *Decumanus maximus* befanden sich die Verwaltungsgebäude und der Zentralplatz, das *Forum* (Abb. 15).

Kurz nach der Gründung der CUT begann man mit der Erbauung der Stadtmauer. Die ersten Abschnitte der 3,4 km langen Befestigung entstanden im Nordosten. Es ist sehr wahrscheinlich, dass mit den Baumaßnahmen das Militär betraut war, das über die nötigen Handwerker sowie Architekten und Techniker verfügte. Für die praktische Ausführung werden unter anderem auch die Soldaten der gerade in Vetera II eingetroffenen 6. Legion hinzugezogen worden sein. Die Stadtmauer, der im Westen, Süden und

Osten Gräben, im Norden der Rheinarm mit dem Hafen vorgelagert waren, wies in regelmäßigen Abständen massive Vierecktürme auf. An den Landseiten gab es große Torbauten am Anfang und Ende des *Cardo maximus* („Vetera Tor" und „Burginatium Tor") sowie am Anfang des *Decumanus maximus* („Maas Tor"). An der Rheinseite sind einige kleinere Tore („Hafentor", „Molentor", „Kleines Hafentor") archäologisch nachgewiesen.

Der Hafenkai wurde in den 30er Jahren des 2. Jh. ausgebessert bzw. erhöht. Einige Jahre später erbaute man eine 30 m lange Landungsbrücke, die im rechten Winkel vom Kai her in das Hafenbecken hineinragte (Abb. 16). Nachdem der Rheinarm immer mehr verlandete und schließlich nicht mehr

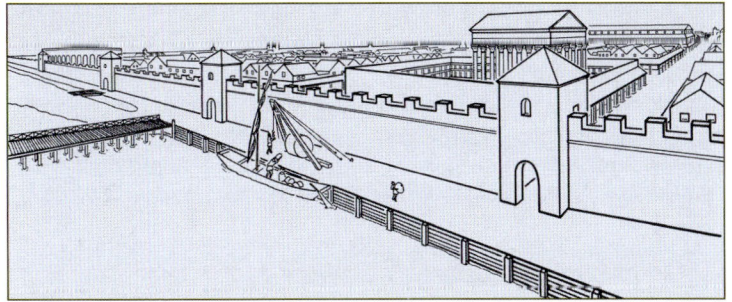

Abb. 16: Ansicht der antiken Stadt mit Hafen

schiffbar war, wurde der Hafen um das Jahr 175 schließlich aufgegeben. Ausgrabungen der 1990er Jahre auf dem Gelände einer späteren Kiesgrube bei Lüttingen nördlich der CUT belegen aber weitere Anlandemöglichkeiten für Schiffe. So war das Westufer eines anderen, nordöstlich gelegenen römerzeitlichen Rheinarmes seit dem 2. Jh. auf einer Länge von über 350 m befestigt. Die ein- bis zweilagige Schüttung aus teilweise sekundär verwendetem Sand- und Kalkstein, Tuff, Basalt, Trachyt sowie römischen Ziegelfragmenten sollte wohl einerseits Abschwemmungen verhindern; anderseits konnten an der nur leicht geböschten Steinbefestigung aber auch die zu jener Zeit auf den Binnengewässern üblichen Plattbodenschiffe mühelos anlanden. Ein über 30 m langes Flussschiff aus dem letzten Viertel des 3. Jh., das in Folge eines Feuers an Bord gekentert war, wurde im Jahre 1993 am gegenüberliegenden Ufer des Rheinarmes ausgegraben (Abb. 17).

Nach der Zerstörung der CUT durch die Franken im Jahre 276 wurde wenig später auf ihrem ehemaligen Kerngebiet eine verkleinerte Stadtanlage errichtet. Ihre Fläche umfasste nur noch 16 ha und sie war durch

Abb. 17: Römerzeitliches Schiff in der Kiesgrube Xanten-Lüttingen; sichtbar ist die Bodenunterseite, da sich das Schiff nach dem Kentern offenbar gedreht hat

eine mächtige Mauer mit 48 Türmen sowie zwei vorgelagerten Gräben befestigt (Abb. 18). Es handelt sich hier um die Tricensimae, deren Name sich von der schon seit ca. 120 in Vetera II stationierten 30. (= lateinische Ordnungszahl *trice(n)simus*) Legion ableitet. Sie bewohnte die kleine Befestigung, der sie ihren Namen gab, fortan zusammen mit der zivilen Restbevölkerung. Im Jahre 352 im Zuge eines Aufstandes zerstört, wurde die Stadt um 359/60 wieder aufgebaut. Im 5. Jh. endete die römische Herrschaft am Niederrhein und sie wurde endgültig aufgegeben.

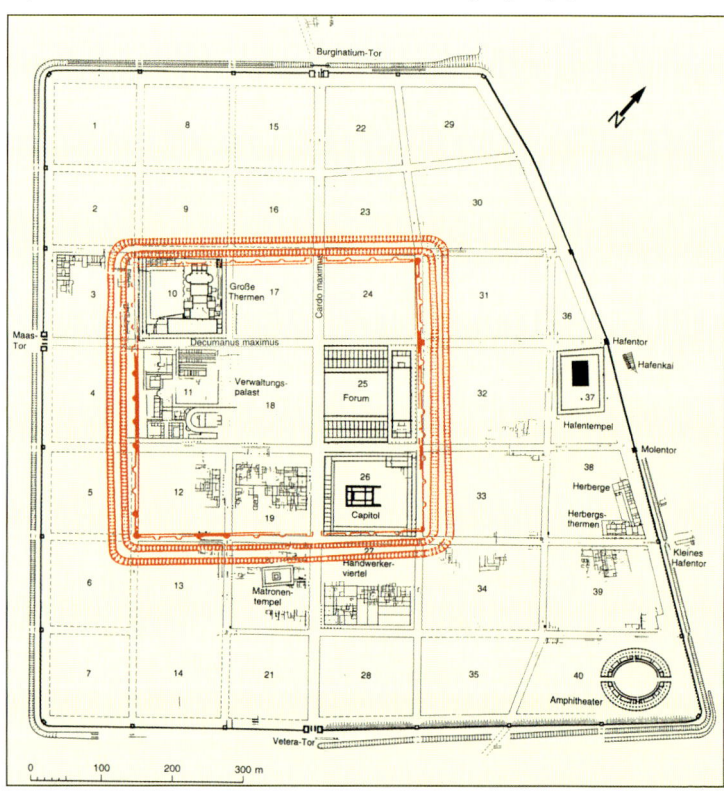

Abb. 18: Stadtplan der Colonia Ulpia Traiana mit rot markierter Tricensimae

Exkurs: Der Archäologische Park Xanten

Durch die kommunale Neugliederung in Nordrhein-Westfalen im Jahre 1969 wurde die Stadt Xanten und das auf 72 km² angewachsene, zugehörige Umland neu strukturiert. Neben der Sanierung des mittelalterlichen Stadtkerns und der Einrichtung eines großen Naherholungsgebietes im Bereich nordöstlich von Xanten gelegener Kiesgruben (Wander- und Fahrradwege, Wassersportbetriebe: Schwimmbad, Segelyachthafen, Surf- und Tauchschule) kam es zur Gründung eines Archäologischen Parks (APX) auf dem Grundriss der antiken Stadt. Träger dieses Vorhabens waren bzw. sind heute noch das Land Nordrhein-Westfalen, der Landschaftsverband Rheinland und der Zweckverband „Grunderwerb Colonia Ulpia Traiana".

Am 25. Oktober 1973 unterzeichneten der Landschaftsverband Rheinland und der Zweckverband einen entsprechenden Vertrag. Zu diesem Zeitpunkt waren die Fundamente des Amphitheaters, zwei Tempel, die großen Thermen, Teilbereiche der Stadtmauer und des Hafens sowie Ausschnitte der Zivilbebauung ausgegraben bzw. durch Luftbilder und Magnetometermessungen erschlossen. Im Jahre 1974 wurde das Regionalmuseum Xanten (RMX) als Außenstelle des Rheinischen Landesmuseums Bonn gegründet. APX und RMX unterstanden dem Landesmuseum personell und verwaltungstechnisch, bis sie 1985 zu einer zusammengefassten, eigenständigen Außendienststelle des Landschaftsverbandes Rheinland erklärt wurden.

Das Konzept des Archäologischen Parks Xanten gliedert sich seit seiner Gründung in folgende Schwerpunkte: Überführung in die öffentliche Hand durch Ankauf der Gesamtfläche der ehemaligen römischen *Colonia*; Fortsetzung der Ausgrabungen zur Klärung des Stadtbildes; Erschließung der Ergebnisse für eine breite Öffentlichkeit durch bauliche Rekonstruktionen bzw. natürliche Darstellung mittels Bepflanzung; Rekonstruktion von Lebens- und Arbeitsweisen der Römer sowie museale Präsentation von Funden; wissenschaftliche und populärwissenschaftliche Publikationen.

Bis heute umfasst der Archäologische Park weitgehend das Gebiet nordöstlich der B 57. Neben der Stadtmauer mit ihren Türmen und Toren, ausgeführt teils massiv in Stein, teils durch Heckenbepflanzung, bilden die Rekonstruktionen des Hafentempels, der Herberge mit den angeschlossenen kleinen Thermen und natürlich des Amphitheaters Hauptanziehungspunkte. Das antike, innerstädtische Straßennetz ist durch kleine, mit Silberlinden bepflanzte Alleen dargestellt. Dazwischen liegen Rasenflächen, die der Größe nach identisch mit den ehemaligen Wohn- und Gewerbevierteln (*Insulae*) sind. Historische Hausgrundrisse werden durch Hainbuchenhecken veranschaulicht. Das Infozentrum, das Stadtmodell, das Spielehaus mit dem angrenzenden *Lapidarium* (Steingarten) und der kürzlich erst neu errichtete Spielplatz mit seinen hölzernen Klettergerüsten runden das Bild ab.

Die archäologischen Untersuchungen der letzten Jahre konzentrierten sich beiderseits der B 57 vor allem auf die Handwerkerviertel mit ihren Werkstätten und der Wohnbebauung. Dazu kamen Ausgrabungen in Teilbereichen des Hafens und in den großen Thermen, die im Jahre 1998 einen Schutzbau, bestehend aus einer Stahl-Glaskonstruktion, erhielten. In unmittelbarer Nachbarschaft soll hier noch in diesem

Abb. 19: Luftaufnahme des Archäologischen Parks Xanten

Jahrzehnt das neue Museumsgebäude entstehen. Für die nächsten Jahre bzw. Jahrzehnte ist außerdem die Eingliederung des südwestlichen Stadtareals in den Archäologischen Park geplant. Stadtmauer, Türme und Tore sowie Capitols- und Matronentempel sollen teil- bzw. vollrekonstruiert werden. Die Darstellung des *Forums* erfolgt durch Bepflanzung. Die antiken Straßenbereiche werden in ihrem Erscheinungsbild an den Nordostteil des APX angeglichen.

Der kulturelle Einfluss der Römer bewirkte in Germanien unter anderem die Einführung von Steinbauten mit Dächern aus gebrannten Ziegeln und unterirdischen Heizkanälen in Ergänzung zu den bisher üblichen Pfostenbauten mit offener Feuerstelle. Wie das Beispiel der CUT zeigt, waren die römischen Städte planmäßig aufgebaut. Es gab ein gut ausgebautes Fernstraßennetz. So führte die Limesstraße von Süden nach Norden mitten durch das heutige Xanten (s.u., Nr. 6/15). Durch den Fund mehrerer großer Lastschiffe vor den Toren der Stadt (s.o., Seite 25) ist die Bedeutung des Rheins als Wasserstraße für die Binnenschifffahrt am unteren Niederrhein eindeutig nachgewiesen. Die Wasserversorgung der römischen Militärlager und Ortschaften war durch massiv gebaute, über lange Entfernungen verlegte Leitungen gewährleistet. Im Raum Xanten fanden sich Teilstücke am Fuße der Endmoränen, aber auch im Stadtgebiet selbst (s.u., Nr. 10), in der Handwerkersiedlung westlich des Domes (s.u., Nr. 14) und im Bereich der Legionsziegelei (s.u., Nr. 8).

Die römischen Friedhöfe wurden einem alten Gesetz zufolge außerhalb der Ansiedlungen und Städte entlang der Ausfallstraßen angelegt (s.u., Nr. 7/18/19). Vom 1. bis Ende des 3. Jh. n. Chr. verbrannte man die Toten und beerdigte die Asche anschließend zusammen mit solchen Beigaben, die für das Weiterleben im Jenseits bedeutungsvoll waren. Ab dem 4. Jh. setzte sich dann die Körperbestattung mehr und mehr durch.

Bis in die Mitte des 3. Jh. n. Chr. hinein hielt der innere Frieden. Im Jahre 257 überschritten die rechtsrheinisch angesiedelten Franken erstmals den Rhein und damit die Grenze. Die fränkischen Einfälle wiederholten sich in den Jahren 276 (Zerstörung des Lagers Vetera II und der CUT), 306 und ab 341 kontinuierlich. Der endgültige Fall der römischen Herrschaft wird durch die Einnahme der Provinzhauptstadt Köln seitens der Franken im Jahre 456 markiert. In diesen Zeitraum fällt auch das Ende der Tricensimae (s.o., Seite 25f.).

Die mittelalterlich-frühneuzeitliche Stadt
(Faltplan 3)

Mit Ausnahme von Köln nutzte man die ehemaligen römischen Niederlassungen offensichtlich nicht weiter als Wohnstätte. Sie wurden dem Verfall preisgegeben bzw. als „Steinbrüche" ausgebeutet. Einige frühmittelalterliche Ansiedlungen, darunter auch Xanten, entwickelten sich allerdings in unmittelbarer Nachbarschaft der römischen Ruinenfelder. Eine These ihrer Entstehung lautet, dass im Umfeld von etwas abseits liegenden, spätantiken Märtyrergräbern bzw. ihrer zugehörigen Gedächtniskapellen allmählich Händler und Handwerker Fuß fassten.

Im Frühmittelalter existierte im Bereich des späteren Xantener Domes ein fränkisches Gräberfeld. Um das Jahr 590 wurde nach der Beschreibung von Gregor von Tours für den hl. Mallosus, einen im späten 3. Jh. für seinen christlichen Glauben hingerichteten römischen Märtyrer, durch den Kölner Erzbischof Ebergisil II. eine erste Steinkapelle gebaut (s.u., Nr. 11/12/13). Dem Grab fügte man im 7. oder 8. Jh. die Gebeine des hl. Viktor hinzu. Die kurz nach Mitte des 8. Jh. an der Stelle des heutigen Domes errichtete karolingische Stiftskirche (Faltplan 5) stellte die Keimzelle für die spätere mittelalterliche Stadt Xanten dar.

Die folgenden Jahrhunderte sind durch den Ausbau des Stiftes durch die Kölner Erzbischöfe gekennzeichnet, in dessen Umfeld sich die Stadt allmählich entwickelte. Der Stiftsbezirk selbst war seit dem 10. Jh. mit Wall und Graben befestigt (s.u., Abb. 87 u. Faltplan 6), die in der 1. Hälfte des 14. Jh.

durch einen breiteren Graben und eine mächtige Steinmauer ersetzt wurden. Zugänge gab es über eine Brücke im Nordwesten (Brückstraße) und durch das Michaelstor im Südosten (s.u., Seite 92). Die Immunität bedeutete im juristischen Sinne die Unabhängigkeit von der weltlichen Gerichtsbarkeit sowie die Befreiung von der Abgabenpflicht (s.u., Seite 91ff.).

Im Jahre 843 war das Stift in einem Brief eines Mönchs namens Bernardus noch als „Sanctos super Rhenum" bezeichnet worden. Auch im Zusammenhang mit einem Normannenüberfall im Jahre 863 sprechen die Xantener Annalen (Handschrift des 11. Jh.) von Kirche und Ort „Ad Sanctos". Der früheste Beleg für die Ortsbezeichnung Xanten stammt erst aus der Mitte des 10. Jh., als in der Leidensgeschichte des Kölner Heiligen Gereon von „Xantum" gesprochen wird. In der mittelalterlichen Nibelungensage wird Xanten zur Heimatstadt des Helden Siegfried. Als seine Geburtsstätte wurde über lange Jahre hinweg der Capitolstempel in der Colonia Ulpia Traiana (s.o., Seite 22ff.) angesehen, dessen Ruinen noch bis in die Neuzeit hinein deutlich sichtbar vorhanden waren. Der Stiftszehntatlas von 1697 führt neben der Darstellung der Fundamente die Bezeichnung „Alte Borgh" auf (Abb. 20).

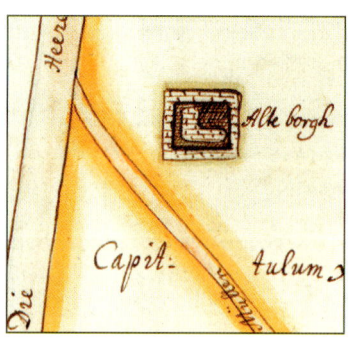

Abb. 20: Die im Stiftszehntatlas Xanten als „Alte Borgh" eingetragenen Ruinen des Capitolstempels

1142 wird Xanten in einer erzbischöflichen Urkunde als *Villa* (ländliche Siedlung, Dorf) mit Markt und Zöllen bezeichnet. Weitere Quellen aus dem 12. Jh. nennen die Begriffe *Oppidum* (kleinere Landstadt) und *Municipium* (Landstadt, Kleinstadt). Im Westen der Immunität siedelten sich bereits Anfang des 9. Jh. fränkische Kaufleute an. Fundamentreste ihrer Fachwerkhäuser wurden entlang der alten Limesstraße (s.u., Nr. 6/15) ausgegraben, deren Trasse im Mittelalter wahrscheinlich noch existierte. Es folgten friesische Händler. Gravierende Zerstörungen im Bereich des Domes und der Siedlung richteten im Jahre 863 die Normannen an, die auf dem, zu jener Zeit unmittelbar östlich vorbeifließenden Rhein nach Xanten gelangten. Im 10. bis 13. Jh. entwickelte sich eine rasch wachsende Handwerker- und Handelsniederlassung rund um die Stiftsimmunität und südöstlich des bereits damals an gleicher Stelle existierenden Marktplatzes.

Am 15. Juli 1228 erhielt Xanten durch den Kölner Erzbischof Heinrich I. von Molenark Stadtrechte zugesprochen. Der Rechtsakt stellt eine Reaktion auf die Übergriffe des Grafen von Kleve, Dietrich V., dar. Die Urkunde beinhaltet das Befestigungsrecht und, nach dem Vorbild der Stadt Neuss, die Freiheit der Bürger von Abhängigkeit und Hörigkeit sowie das Recht auf Verwaltungsautonomie und eigene Gerichtsbarkeit: „Wir wünschen also – es gelange allen zur Kenntnis –, dass im Hinblick auf die Belästigungen und Verluste, die unsere getreuen Xantener Bürger in den kriegerischen Zeiten durch die Übergriffe der Feinde [Anm. der Autorin: Dietrich V.] immer häufiger zu erleiden hatten, wir ihnen auf Rat unserer Getreuen erlaubt haben, ihre Stadt zu befestigen. Dazu haben wir ihnen und all denjenigen, die sich dort niederlassen werden, die Freiheit und Rechte verliehen, die unsere Bürger von Neuss seit alters her bekanntermaßen besessen haben." Damit ist Xanten nach Rees, das einen Tag zuvor dieselben Rechte erhalten hatte, die zweitälteste Stadt am Niederrhein nördlich von Duisburg.

Die Stadt unterstand zunächst den Erzbischöfen von Köln, wurde jedoch 1322–1331 vorübergehend an die Grafen von Kleve verpfändet. Bis weit in das 14. Jh. hinein setzte sich ihre Befestigung nur aus einem Wall mit einer Holzpalisade und einem vorgelagerten Wassergraben zusammen. Gravierende Streitigkeiten mit dem Grafen Adolf I. von Kleve zwangen schließlich Erzbischof Friedrich III. von Saarwerden im Jahre 1389, die Stadt stärker zu befestigen. Die bestehende Wall-Grabenanlage wurde erweitert. Nun gab es zwei Wälle mit zwei Gräben und einer Palisade auf dem Innenwall. Kurz danach entstanden erste Abschnitte einer Backsteinmauer im Norden der Stadt. Ende des 14. Jh. begann man mit dem Bau der vier großen Doppeltoranlagen (Klever Tor, Rheintor, Marstor, Scharntor; s.u., Nr. 9/16/17 u. Abb. 66–76). Bis in den Anfang des 16. Jh. hinein setzte man den Bau der Mauer fort. Sie war rund 8 m hoch und besaß neben den Haupttoren 18 Türme bzw. Kleintore. Der letzte Bauabschnitt erfolgte an der Nordostseite, wo bis in das 15. Jh. hinein der Rhein entlang geflossen war (s.u., Seite 75ff.). Nach der Verlandung des Strombettes wurde das Gelände (heute entlang Rheinstraße und Karthaus) aufgeschüttet und allmählich bebaut.

1392 schlossen der Kölner Erzbischof und der Graf von Kleve Frieden. Danach wurde die Stadt durch beide Parteien gemeinsam bis 1444 regiert. Schließlich führten neue Auseinandersetzungen zwischen den geistlichen und weltlichen Herrschern dazu, dass der Papst Xanten im Jahre 1449 dem Herzogtum Kleve (seit 1417 Herzogtum) ganz unterstellte. Nach Erlöschen der herzoglichen Linie übernahmen im Jahre 1614 die Markgrafen und Kurfürsten von Brandenburg per Vertrag die Herrschaft über Xanten. Im Dreißigjährigen Krieg wurde 1641 die Stadtmauer durch die Hessen geschleift. Im 17. und

18. Jh. funktionierte man einige Türme zu Gartenhäusern um, die teilweise heute noch stehen (s.u., Abb. 65). Die Reste der Befestigung verfielen allmählich, bis sie in der 1. Hälfte des 19. Jh. endgültig demontiert wurden. Von den großen Toranlagen blieben allein der massive Turm des Meertores erhalten sowie das Klever Tor (s.u., Nr. 16), das als Gefängnis diente.

Die zwischen 1389 und Anfang des 16. Jh. ausgebaute Befestigung markiert die damalige Ausdehnung der Stadt und bestimmt bis heute ihr Bild (s.u., Nr. 9/16/ 17). Dem Mauerring folgend, finden sich die Straßenbezeichnungen Nord-, West-, Süd- und Ostwall. Er umschloss eine Fläche von knapp 25 ha. Auch die bereits im Mittelalter erfolgte Aufteilung der einzelnen Grundstücke in lang-rechteckige Streifen hat sich bis heute weitgehend erhalten. Großer und Kleiner Markt stellen nach wie vor Freiflächen im Stadtkern für Jahr- und Wochenmärkte dar. Am südöstlichen Rand des Kleinen Marktes standen im 14. und 15. Jh. Verkaufsbuden für Lebensmittel wie Brot, Fleisch und Fisch. Außerhalb der Stiftsimmunität, vor der Michaelskapelle gab es weitere feste Marktstände. Hier boten vor allem auch die Tuchhändler ihre Waren feil. Die genauen Standorte von Marktkreuz, Stadtwaage und Pranger auf dem Großen Markt sind archäologisch bisher nicht nachgewiesen.

Bereits für den Anfang des 14. Jh. sind zwölf Gilden belegt, in denen Kaufleute, Woll- und Leinenweber, Schneider und Bandmacher, Schuhmacher und Kürschner, Schmiede und Schreiner, Bäcker, Brauer und Fleischhauer sowie Fischer organisiert waren. Die Zünfte spiegeln sich auch in den Straßennamen wieder. Aus dem Jahre 1284 gibt es die Erwähnung der Scharnstraße (Scharren = Verkaufsstände für Fleisch) als *Platea macelli*. Gleich südlich des kleinen Marktes lag die Hühnerstraße, an der die Geflügelhändler ansässig waren. 1290 gab es bereits die Weberstraße (jetzt: Kurfürs-

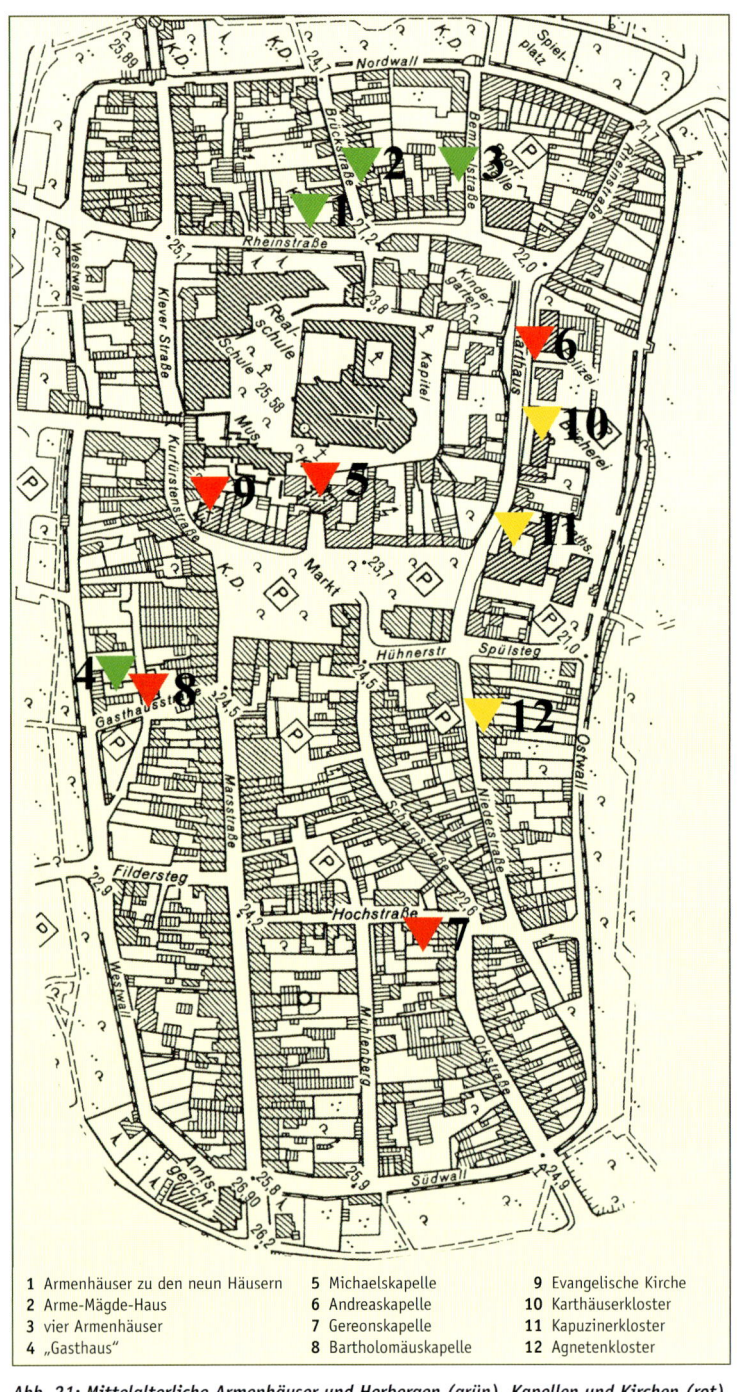

1 Armenhäuser zu den neun Häusern
2 Arme-Mägde-Haus
3 vier Armenhäuser
4 „Gasthaus"
5 Michaelskapelle
6 Andreaskapelle
7 Gereonskapelle
8 Bartholomäuskapelle
9 Evangelische Kirche
10 Karthäuserkloster
11 Kapuzinerkloster
12 Agnetenkloster

Abb. 21: Mittelalterliche Armenhäuser und Herbergen (grün), Kapellen und Kirchen (rot) sowie Klöster (gelb) im Xantener Stadtgebiet

tenstraße/Klever Straße) und 1303 verlief südlich des großen Marktes die Schmiedegasse (heute überbaut). Möglicherweise bedingt durch die Verlandung des Rheinarmes direkt vor der „Haustür", das heißt durch den Verlust der günstigen Verkehrsanbindung, versank Xanten ab dem 16. Jh. allmählich in wirtschaftliche Bedeutungslosigkeit.

Im Stadtgebiet gab es im Mittelalter bis in die Neuzeit hinein jenseits der Stiftsimmunität natürlich auch weitere Kirchen und Kapellen sowie Klöster und soziale Einrichtungen (Abb. 21). Die Stiftung von Herbergen, Armenunterkünften und Hospitälern in der mittelalterlichen Stadt Xanten verdanken wir vor allem einigen Kanonikern und reichen Bürgern. Nordwestlich der Immunität, an der Rheinstraße/Ecke Brückstraße existierte seit 1297 ein Hospital, das im 15. Jh. als „Armenhof zu den neun Häusern" bezeichnet wird. Dabei handelte es sich um etwa 3 × 6 m große Kammern, die den Besitzlosen als Behausung dienten. Nicht weit davon entfernt liegt heute noch in der Brückstraße das „Arme-Mägde-Haus". Das Gebäude wurde um 1556 von einem Kanoniker gestiftet. Es diente als Unterkunft für unvermögende, alte Frauen, die ihren Dienst im Stift verrichtet hatten. Der hohe Backsteinbau mit Stufengiebel wurde in den Jahren 1978/79 restauriert. In der parallel verlaufenden Remmelstraße gab es seit 1488 ebenfalls durch Stiftung eines Kanonikers vier Häuser als Unterkünfte für Arme und Bedürftige. Südlich der Immunität (Gasthausstraße/Westwall) erbaute man Ende des 15. Jh. das „Gasthaus", eine Herberge, in der auch Kranke und Alte gepflegt wurden. Die zugehörige Bartholomäuskapelle (s.u.) wurde 1516 durch den Xantener Bürgermeister gestiftet. Im Bereich des Gasthauses befanden sich unter anderem eine Krankenstube und elf Wohnkammern. Es hatte bis Anfang des 19. Jh. Bestand.

Über dem im 11. Jh. erbauten Michaelstor gibt es eine Kapelle gleichen Namens,

die 1473–1479 in spätgotischem Stil errichtet worden ist (s.u., Nr. 11). Nach ihrer totalen Zerstörung im Zweiten Weltkrieg wurde sie bis 1962 wieder aufgebaut. Heute befindet sich hier der Konzertsaal der Dom-Musikschule. Nordöstlich der Immunität am Karthaus lag die Andreaskapelle, deren Friedhof für Bettler, Fremde und Kinder schon im Jahre 1231 bezeugt ist. Nachdem sie ab 1648 dem benachbarten, seit 1628 in Xanten ansässigen Karthäuserkonvent angehört hatte, wurde sie 1813 abgerissen. Die Klostergebäude, seit Anfang des 19. Jh. in Privateigentum, wurden im Zweiten Weltkrieg weitgehend zerstört. Nach dem Wiederaufbau sind sie seit 1973 Sitz der Stadtbibliothek.

Weitere innerstädtische Klöster waren zwischen 1402 und 1802 das Agneten- bzw. Beginenkloster in der heutigen Niederstraße und das Kapuzinerkloster mit zugehöriger Kirche, das seinen Sitz zwischen 1639 und 1802 im Bereich des heutigen Rathauses am Karthaus hatte. An der Orkstraße existierte bis Anfang des 19. Jh. die neue Gereonskapelle, die 1401 anstelle der vor den Stadttoren gelegenen, dem „Burgfrieden" geopferten (s.u., Seite 75ff.) alten Gereonskapelle errichtet worden war. Schließlich gab es noch die Bartholomäuskapelle, die an der Gasthausstraße seit 1516 zu einem Hospital bzw. einer Herberge (s.o.) gehörte und ebenfalls nur bis Anfang des 19. Jh. bestand. Die evangelische Kirche wurde in den Jahren 1647–1649, der Turm bis 1662 auf Veranlassung des Großen Kurfürsten Friedrich Wilhelm gebaut, nachdem Xanten seit 1614 zum protestantischen Brandenburg gehörte. In diesem Zusammenhang benannte man die Weberstraße in Kurfürstenstraße um.

Nach der Schleifung der Stadtmauern durch die Hessen 1641 im Dreißigjährigen Krieg war Xanten noch mehrmals Schauplatz kriegerischer Auseinandersetzungen: 1672 erfolgte die Eroberung durch französische Truppen; Anfang des 18. Jh. kam es zur

Abb. 22: Xantener Marktplatz im März 1946 mit gravierenden Kriegszerstörungen

Zerstörung im spanisch-niederländischen Erbfolgekrieg; von 1794 bis 1814 gab es wiederum eine französische Besetzung. Schließlich wurde die Stadt bei den Bombenangriffen der Alliierten im Februar 1945 fast vollständig dem Erdboden gleichgemacht. Der Wiederaufbau erfolgte unter Berücksichtigung der historischen Strukturen (Abb. 22 u. 23).

Das 17. und 18. Jh. weisen infolge der Kriegsauswirkungen sowie bedingt durch Epidemien und Hungersnöte einen gravierenden Bevölkerungsschwund auf. Bei Handel und Gewerbe ist ebenfalls ein Rückgang

Abb. 23: Xantener Marktplatz heute mit erhaltener historischer Parzellenaufteilung

zu verzeichnen. Erst im Verlauf des 19. Jh. erfolgte ein bescheidener wirtschaftlicher Aufschwung durch die Ansiedlung von Textilmanufakturen, Schnaps- und Bierbrauereien. Ein weiteres Standbein ist bis heute die Landwirtschaft in der unmittelbaren Umgebung. Außer zahlreichen mittelständischen Gewerbebetrieben stellen in den letzten Jahrzehnten die Touristen einen wichtigen Wirtschaftsfaktor dar, die neben dem APX und den Wassersportmöglichkeiten an der Xantener „Nord- und Südsee" das Erscheinungsbild des historischen Stadtkerns zu würdigen wissen.

Vetera I (1)

(Zu Einzeldarstellungen: siehe Faltplan 1)

Um die eroberten Gebiete dauerhaft zu halten und die Grenzen zu sichern, benötigten die Römer vor allem eine schlagkräftige Armee. Ranghöchster Vertreter des Kaisers war in den römischen Provinzen und damit auch in Niedergermanien der Statthalter (s.o., Seite 22). Neben seinem Amt als oberster Richter unterstanden ihm alle Militäreinheiten. Dabei handelte es sich einerseits um Berufssoldaten mit vollem Bürgerrecht, die in den Legionen zusammengefasst waren, andererseits um Hilfstruppen (Auxiliartruppen) und um die Rheinflotte. Die Legionen setzten sich hauptsächlich aus Infanterieeinheiten zusammen. Die Soldaten meldeten sich im Normalfall zwischen

dem 17. und 20. Lebensjahr freiwillig und verpflichteten sich auf eine aktive Dienstzeit von 20 Jahren. Danach folgten noch fünf Jahre Bereitschaftsdienst in der Stammeinheit (Abb. 24). Nach 25 Jahren erhielten die fortan als Veteranen bezeichneten, ehemaligen Soldaten eine Geldabfindung oder eine Landzuteilung. Außerdem hatten sie die Wohnberechtigung in den römischen Städten, so auch in der Colonia Ulpia Traiana (s.o., Seite 23ff.).

Den Auxiliartruppen gehörten ebenfalls Berufssoldaten an, die sich entweder freiwillig gemeldet hatten oder aber rekrutiert worden waren. Hierbei handelte es sich jedoch um Personen ohne römisches Bürgerrecht bzw. oftmals um Ureinwohner der okkupierten Länder. Die Dienstzeit betrug ebenfalls 25 Jahre (Abb. 25). Die Soldaten

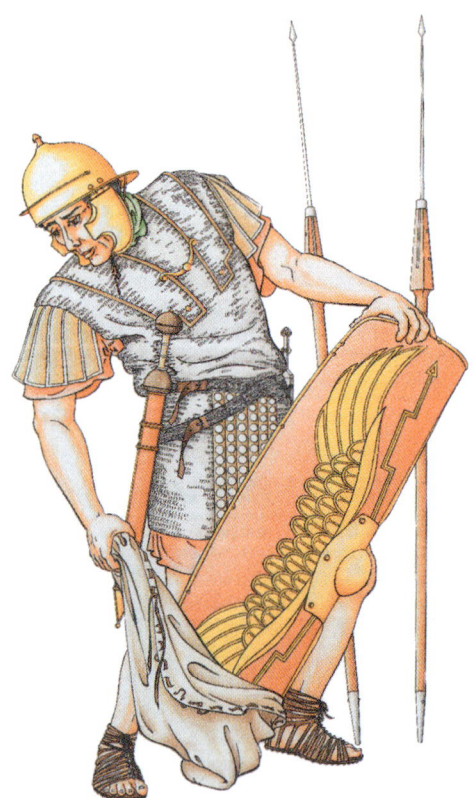

Abb. 24: Römischer Legionär des 1. Jh. mit typischer Ausstattung: Helm, Kettenpanzer und Schild sowie zwei Lanzen, Schwert und Dolch

der Rheinflotte, deren niedergermanischer Hauptstützpunkt in Köln lag, stammten zumeist aus dem Mittelmeerraum und waren ebenfalls bürgerrechtlos. Sie gehörten der Flotte 26 Jahre an. Nach Ablauf ihrer aktiven Dienstzeit wurde allen Veteranen der Auxiliartruppen bzw. der Schiffsbesatzungen das römische Bürgerrecht verliehen, sofern sie sich nichts hatten zu Schulden kommen lassen. Der angesparte Sold wurde ihnen ausbezahlt und sie erhielten überdies das Recht, sich zu verehelichen bzw. eine bereits bestehende eheähnliche Verbindung legalisieren zu lassen (s.u., Seite 55).

In einer *Legio* waren zehn *Cohortes* zusammengefasst. Die Kohorten wiederum bestanden aus 60 *Centuriae* (Hundertschaft; von lat. *centum* = 100). Eine Zenturie hatte jedoch nicht 100, sondern nur 80 Mann.

Dazu kam eine Schar von 120 Melde- bzw. Aufklärungsreitern. Darüber hinaus gab es noch eine große Zahl an Verwaltungsbeamten, Magazinverwaltern, Waffentechnikern, Ärzten, Baumeistern, Handwerkern, usw. (Abb. 26). Damit bestand eine Legion und ihr Umfeld aus weit über 5.000 Personen.

Ranghöchster Offizier war der *Legatus legionis* (Legionskommandeur), der direkt dem Statthalter unterstand. Ihm waren sechs *Tribuni* (Stabsoffiziere) untergeordnet, einer von ihnen als sein Stellvertreter. Es folgten in der Rangordnung die *Centuriones* (Hauptleute), die die *Principales* (Unteroffiziere) befehligten. Den *Milites* (einfache Soldaten) standen die *Immunes* (Gefreite) vor. Zuständig für die gesamte Logistik des Lagers war der Lagerkommandant, der *Praefectus castrorum*. Er hatte

Abb. 25: Römischer Auxiliarsoldat des 1. Jh. mit typischer Ausstattung: Helm, Kettenpanzer und Schild sowie zwei Lanzen, Kurzschwert und Dolch

Abb. 26: Römische Soldaten bei Schmiedearbeiten

auch die Verantwortung für große Teile des Umlandes, beispielsweise für die zugehörige Lagersiedlung (s.u., Nr. 1b).

Den Auxiliartruppen gehörten sowohl Infanterie- als auch Kavallerieeinheiten an. Die Infanterie glich in ihrer Struktur den Legionen. Ranghöher war die Kavallerie (*Ala*). Eine *Ala* konnte aus 16 *Turmae* mit jeweils 32 Kavalleristen bzw. aus 24 *Turmae* mit jeweils 42 Kavalleristen bestehen. Dem *Praefectus* (Kommandeur) unterstanden die *Decuriones* (*Decurio* = Hauptmann der *Turmae*). Den *Eques* (einfache Reitersoldaten) übergeordnet waren, wie in der Legion auch, die Unteroffiziere und Gefreiten.

Die Legionslager waren ab etwa Mitte des 1. Jh. n. Chr. fast alle nach demselben Schema errichtet: Sie zeigten einen symmetrischen Grundriss und verfügten über eine mehrteilige Außenbefestigung mit Wällen, Palisaden oder Mauern und Gräben. Sie hatten vier Tore und im Innern ein rechtwinkliges Straßensystem (s.u., Seite 51ff.). Das an zentraler Stelle erbaute Hauptverwaltungsgebäude, die *Principia*, unterteilten das Lager in einen vorderen (*Praetentura*) und einen rückwärtigen Teil (*Retentura*).

An den *Principia* war auch die Schnittstelle der Hauptausfallstraßen: Zwischen dem linken (*Porta sinistra*) und dem rechten Tor (*Porta dextra*) verlief die *Via principalis*; im rechten Winkel dazu lagen die *Via praetoria* und die *Via decumana*, die durch die *Praetentura* zur *Porta praetoria* bzw. durch die *Retentura* zur *Porta decumana* führten. Weitere Gebäude waren die Wohn- und Amtsstuben des Lagerkommandanten, des Legionskommandeurs und der Tribunen. Je höher der Rang, desto großzügiger die Räumlichkeiten und ihre Ausstattung.

Das Lazarett, die Wirtschaftsgebäude und die Mannschaftsbaracken lagen meistens am Rande der Innenbebauung. In einer Soldatenunterkunft für eine *Centuria* mussten 80 Mann untergebracht werden. Es handelte sich dementsprechend um ein relativ großes, langgestrecktes Gebäude. Zehn nebeneinander liegende Kammern, die in einen kleineren vorderen Wohn- und einen etwas größeren hinteren Schlafraum mit Etagenbetten unterteilt waren, beherbergten jeweils acht Soldaten. Diese relativ beengten Räumlichkeiten wurden *Contubernia* (Zeltgemeinschaften) genannt.

Abb. 27: Römische Soldaten bei einer Rast im Gelände

Im vorderen Teil der Kammer waren die Ausrüstungsbestandteile untergebracht. Der eigentliche Aufenthaltsort für die Soldaten war eine vorgelagerte *Veranda* im Freien.

Der militärische Dienst der Soldaten war straff organisiert. Noch vor Sonnenaufgang wurde das Horn zum Wecken geblasen. Am Vormittag gab es ausgedehnte Gefechts- und Waffenübungen. Die Mittagszeit diente der Essenszubereitung, die die Soldaten selbst vorzunehmen hatten, da es keine Gemeinschaftsküche gab. Grundnahrungsmittel war eine Art Fladenbrot aus geschrotetem oder gemahlenem Getreide, das in etwas abseits (Feuergefahr!) gelegenen Brennöfen gebacken wurde. Dazu wurde Fleisch oder Fisch und Gemüse, vor allem Hülsenfrüchte gegessen. Außerdem gab es Käse und diverse Obstsorten. Die Nahrungsmittel für das römische Heer stammten nicht nur aus dem Umland bzw. aus eigenem Anbau und eigener Zucht. Einige Produkte wurden auch aus mehr oder weniger fernen Gegenden eingeführt, zum Beispiel Feigen und Oliven aus dem Mittelmeerraum oder Reis (z.B. in Neuss nachgewiesen) aus dem Zweistromland bzw. Vorderindien.

Wer nicht zum Wachdienst oder zu anderen Arbeiten abkommandiert war, hatte am Nachmittag dienstfrei. Die Kommandeure sorgten jedoch in Friedenszeiten normalerweise dafür, dass sich kein allgemeiner Müßiggang breit machte, damit die Soldaten nicht auf aufrührerische Gedanken kamen. Daher wurden zahlreiche militärische Übungen auch außerhalb des Lagerbereichs im Gelände durchgeführt (Abb. 27). Dort hatten die Soldaten Übungslager anzulegen. Ihre Befestigung bestand aus Umfassungsgräben, die die Legionäre erst einmal ausheben mussten. Daher waren Bestandteile der Grundausstattung an Pionierwerkzeugen Rasenstecher, Hacken, Spaten und Körbe, in denen das Erdreich beiseite geschafft werden konnte. Im Innern der Übungslager baute man transportable Zelte auf. Im Raum Xanten sind zahlreiche solcher Anlagen durch Luftbilder nachgewiesen (Abb. 28).

Andere Betätigungsfelder des römischen Militärs lagen im Baugewerbe (Abb. 29). Hierbei handelte es sich neben

Abb. 28: Luftaufnahme römischer Übungslager südlich von Xanten

der geistig-planerischen Leistung durch die Architekten, Baumeister, Vermesser und Unternehmer hauptsächlich um die körperliche Arbeit der einfachen Soldaten. Neben dem Ausbau von Straßen (s.u., Nr. 6/15), Brücken und Aquädukten (s.u., Nr. 10) sowie dem Aufbau von Siedlungen und Städten wurden Rohstoffe für Baumaterialien gewonnen und über weite Entfernungen transportiert. Hiervon zeugen die zahlreichen Steinbrüche in der Eifel und im Siebengebirge, aus denen zum Teil auch das Steinmaterial für die Colonia Ulpia Traiana (s.o., Seite 25) stammt. Dachziegel, Wand- und Bodenfliesen sowie Tonrohre wurden ebenfalls in eigenen Werkstätten produ-

Abb. 29: Römische Soldaten bei Zimmerarbeiten im Gelände

ziert (s. u., Nr. 8). Darüber hinaus sind andernorts Brennereien nachgewiesen, in denen Dolomit zu Kalk gebrannt wurde, einem wichtigen Bestandteil von Mörtel. Alles in allem ging es bei den beschriebenen Tätigkeiten wohl nicht nur um eine „Beschäftigungstherapie" für die Soldaten, sondern auch um einen Auf- und Ausbau der Infrastruktur in den Provinzen.

Die Legionslager (1a)

Das südöstlich von Xanten gelegene römische Militärlager Vetera I war im Zuge der Germanienoffensive des Kaisers Augustus unter seinem Oberbefehlshaber Drusus im Jahre 12 v. Chr. angelegt worden (s.o., Seite 20). Die Position auf dem Fürstenberg war strategisch klug gewählt, da die Höhenlage einen guten Weitblick über die Niederterrasse und die Rheinaue und damit auch in das „freie" Germanien jenseits des Flusses hinein gewährleistete. Außerdem war die Mündung der Lippe, an deren Ufer es weitere Legionslager gab, nicht weit entfernt (s.o., Seite 10).

In einer ähnlichen Lage befanden sich zum Beispiel die Militärfestungen von Bonn gegenüber der Sieg und von Moers-Asberg gegenüber der Ruhr. Der Vorteil lag darin, dass man die Wasserwege einerseits bezüglich einer feindlichen „Invasion" unter Kontrolle hielt. Andererseits waren die Nebenflüsse für schnelle eigene Vorstöße in die noch nicht okkupierten, rechtsrheinischen Gebiete zu nutzen. Unter diesem Aspekt war Vetera I zunächst als Versorgungsbasis eingerichtet worden, von dem aus die Germanienoffensive weiter nach Norden und Nordosten betrieben werden sollte.

Erst nach der für die Römer traumatischen Niederlage des Publius Quinctilius Varus in der Schlacht im Teutoburger Wald 9 n. Chr. wurden die offensiv ausgerichteten militärischen Befestigungen in defensive Standorte umgewandelt, um wenigstens die Grenze entlang des Rheins stabil zu halten. Wie ein auf dem Fürstenberg aufgefundener Grabstein, der Caelius-Stein, bezeugt, nahmen auch Soldaten an der Schlacht teil, die in Vetera I stationiert waren. Eine Replik steht auf der kleinen Grünfläche am Parkplatz unterhalb der Birtener Gemeindekirche.

Exkurs: Der Caelius-Stein

Der 1,37 m hohe und 1,08 m breite Gedenkstein des römischen Hauptmannes Marcus Caelius wurde in der 1. Hälfte des 17. Jh. unweit des lange vergangenen Legionenlagers Vetera I im Kloster Fürstenberg (s.u., Nr. 3) als Spolie vermauert aufgefunden. Kurz darauf gelangte er nach Kleve, wo er in das Grabmahl von Johann Moritz von Nassau-Siegen eingebaut wurde (Abb. 31). Seit 1820 befindet sich das Original im heutigen Rheinischen LandesMuseum in Bonn. Weitere Repliken sind im Regionalmuseum Xanten und an der Bischofsburg innerhalb der Immunität in Xanten zu besichtigen (s.u., Seite 93).

Nach der Varus-Niederlage gegen die Germanen, in welcher der in Vetera I stationierte Marcus Caelius und zwei seiner ehemaligen Sklaven ums Leben kamen, ließ sein Bruder im 2. Jahrzehnt n. Chr. in der Nähe des Lagers auf dem Fürstenberg den

Abb. 30: Gedenkstein des römischen Hauptmannes Marcus Caelius

Gedenkstein aufstellen. Die im unteren Bereich eingemeißelte Inschrift lautet in der Übersetzung:

„Für Marcus Caelius, Sohn des Titus, aus Bologna im Stimmbezirk Lemonia, Hauptmann der 18. Legion, 52 und ½ Jahre alt; er fiel im Varuskrieg. Die Gebeine [Anm. der Autorin: der Freigelassenen] dürfen ebenfalls [in Vetera] bestattet werden. Sein Bruder Publius Caelius, Sohn des Titus, aus dem Stimmbezirk Lemonia, hat [diesen Stein] errichtet."

Der Torso des Marcus Caelius zeigt sich im oberen Teil des Steins in einem Grabtempelchen als Halbrelief, flankiert durch die Büsten der beiden Freigelassenen, Marcus Caelius Privatus und Marcus Caelius Thiaminus. Seine militärische Uniform besteht aus einem metallenen Muskelpanzer, den er über der Tunika trägt. Auf der linken Schulter und dem Unterarm liegt sein Soldatenmantel. In der rechten Hand hält er als Zeichen seines Amtes einen Rebenholzstock, der ihn zur körperlichen Züchtigung seiner Untergebenen berechtigt. Beide Handgelenke schmückt jeweils ein breiter Armreif. Über Brust und Bauch hängen Schmuckscheiben, die zwei jugendliche Köpfe mit gelocktem Haar, ein Medusenhaupt und einen Löwenkopf zeigen; eine Scheibe ist durch seinen angewinkelten rechten Arm verdeckt. Auf beiden Schultern liegen zwei keltische Halsringe, „gekrönt" von zwei weiteren Löwenköpfen. Um den Hals ist ein gerolltes Halstuch gelegt. Das Haupt weist einen Eichenlaubkranz auf.

Marcus Caelius scheint ein verdienter Mann gewesen zu sein. Die Halsringe und Armreifen wurden üblicherweise den Soldaten bis hin zum Rang eines Hauptmannes für besondere Leistungen verliehen. Auch bei den Schmuckscheiben handelt es sich um militärische Auszeichnungen. Den Kranz aus Eichenlaub erhielt man nach der Errettung eines Bürgers aus Lebensgefahr.

Abb. 31: Grabmahl des Johann Moritz von Nassau-Siegen auf einem Kupferstich von S. Schynvoet, um 1720; ganz links im Bild der Caelius-Stein

45

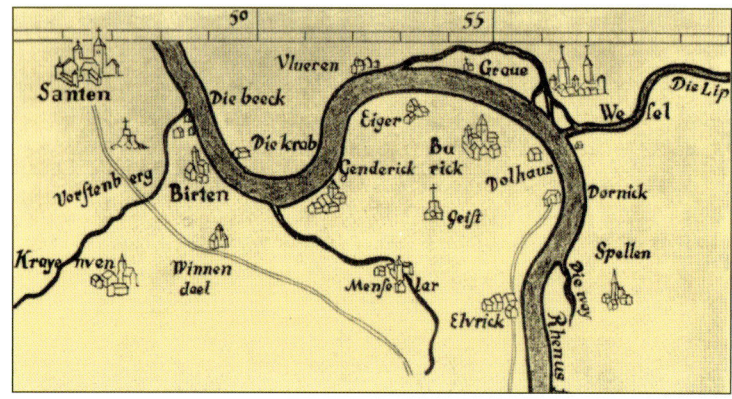

Abb. 32: Kartenausschnitt „Grafschaft Moers" von Johann Mercator, 1591; zwischen „Santen" und „Birten" ist der „Vorstenberg" dargestellt

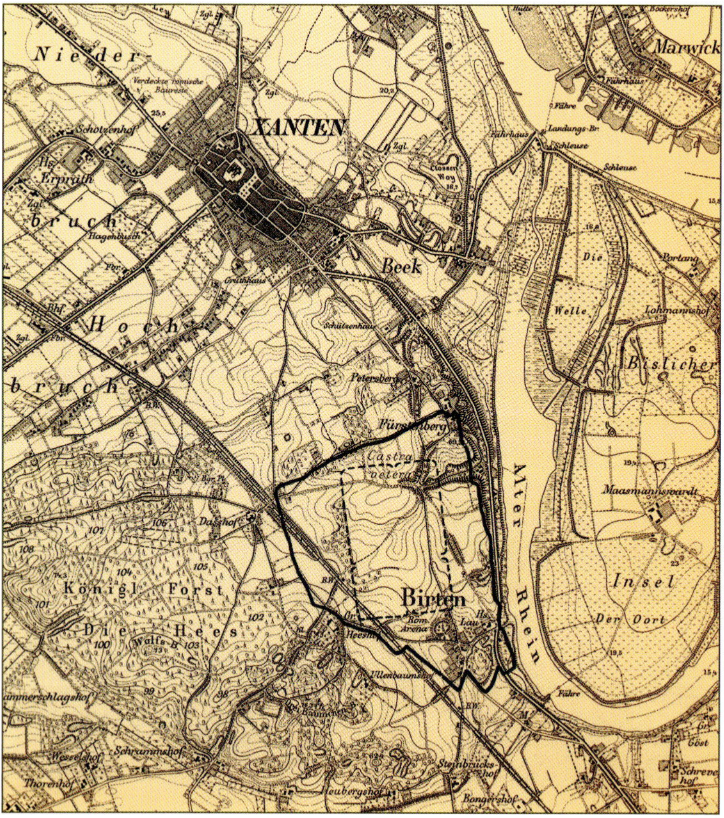

Abb. 33: Kartenausschnitt Preußische Neuaufnahme, 1892; durchgezogene Linie: das Bodendenkmal Vetera I; gestrichelte Linie: das Legionslager aus der Zeit Kaiser Neros

Abb. 34: Kartenausschnitt von Tranchot/v. Müffling, 1803–1820; durchgezogene Linie: das Bodendenkmal Vetera I; gestrichelte Linie: das Legionslager aus der Zeit Kaiser Neros

Vetera I war seit der Gründung eng mit der kaiserlich-augusteischen Familie verbunden. Drusus, unter dessen Oberbefehl das Lager erbaut wurde, war der Stiefsohn von Kaiser Augustus. Nach der Schlacht im Teutoburger Wald wurden die militärischen Festungen entlang des Rheins durch Tiberius, ebenfalls Stief- bzw. Adoptivsohn sowie später Nachfolger von Augustus, umgebaut. Ob sich die beiden Brüder aus dem Kaiserhaus einmal persönlich in Vetera I aufgehalten haben, ist durch Schriftquellen nicht zu belegen. Es ist aber bekannt, dass der Oberkommandant der Rheintruppen Germanicus, ein Sohn des Dru-

sus, die Festung im Jahre 14 n. Chr. nach der Niederschlagung einer Meuterei der dort stationierten Legionen besuchte. Er wurde begleitet von seiner Frau Agrippina und seinem Sohn Gaius, dem späteren Kaiser Caligula.

Der Name Vetera ist durch den antiken Geschichtsschreiber Tacitus im 1. Jh. überliefert. In seinen Annalen beschreibt er im Zusammenhang mit der erwähnten Meuterei die „Zuchtlosigkeit" der 5. und 21. Legion, die sich im Winterquartier namens Vetera beim 60. Meilenstein (von Köln aus) befindet (s.u., Nr. 6/17). Nach heutiger Umrechnung betrug die Entfernung von der römi-

Abb. 35: Kartenausschnitt Preußische Uraufnahme, 1843; durchgezogene Linie: das Bodendenkmal Vetera I; gestrichelte Linie: das Legionslager aus der Zeit Kaiser Neros

schen Provinzhauptstadt 88,8 km. In den Historien des Tacitus heißt es „... *castra, quibus vetera nomen est* ..." (... Lager, dessen Name Vetera ist ...). Die Bezeichnung „vetera" deutet aus etymologischer Sicht allerdings nicht auf einen römischen, sondern auf einen ursprünglich einheimischen Siedlungsplatz, wobei eine Ableitung von „watar" gleich Wasser wahrscheinlich ist.

Der Geschichtsschreiber geht exakt auf die Umgebung der Militärfestung ein, die sich nach seinen Angaben vom Hang eines Hügels bis in eine Ebene erstreckte, in die die *Porta praetoria* lag. Zwischen dem Rhein und dem Militärlager befand sich ihm zufolge eine sumpfige Niederung. Tacitus bereis-

te nie selber die nördlichen römischen Provinzen. Seine Angaben bezog er wahrscheinlich von Plinius dem Älteren, der nachweislich um die Mitte des 1. Jh. am unteren Niederrhein als Kavalleriekommandant stationiert war.

Die älteste Karte, auf der sich die Bezeichnung „Veteribus" befindet, ist die berühmte Tabula Peutingeriana, eine mittelalterliche Kopie einer römischen Straßenkarte (s.u., Nr. 6/15). Die meisten frühneuzeitlichen Darstellungen, angefangen mit der „Grafschaft Moers" von Gerhard Mercator aus dem Jahr 1591 zeigen zwar das Kloster Fürstenberg (s.u., Nr. 3), enthalten aber ansonsten keinen Hinweis auf das Lager (Abb. 32).

Abb. 36: Ausgrabung eines Töpferofens in Vetera I, Grabungskampagne 1913/14

Erst die preußische Neuaufnahme von 1892 bezeichnet das Gebiet namentlich als „Castra vetera" (Abb. 33). Ein Vergleich der Karten des 19. und frühen 20. Jh. mit der heutigen Topographie macht deutlich, dass in diesem relativ kurzen Zeitabschnitt große Waldflächen der Landwirtschaft weichen mussten (Abb. 34 u. 35).

Nachdem es um 1530 die erste gedruckte Tacitus-Ausgabe zu erwerben gab, beschäftigten sich humanistische Gelehrte mit der Wiederentdeckung der genauen Örtlichkeit von Vetera. Einer der eifrigsten Forscher war Stephanus Vinandus Pighius, der als Kanoniker im Viktorstift lebte. Im Jahre 1587 schreibt er in seinen Abhandlungen zur römischen Geschichte: „Wir kommen zu dem Ergebnis, dass das älteste Hauptquartier von Vetera Castra auf der Kuppe über dem Rhein lag, die Tacitus in seiner Beschreibung des Lagers erwähnt: Da wo jetzt das Haus der edlen Vestalischen Jungfrauen, das sehr alte Kloster [Anm. der Autorin: Kloster Fürstenberg] liegt, das weithin sichtbar ist." Pighius lokalisiert zwar irr-

tümlich das *Praetorium* nördlich bzw. außerhalb der eigentlichen Befestigung, liegt aber ansonsten mit seiner Interpretation richtig. Außerdem beschreibt er auch sehr ausführlich die offensichtlich zum Teil noch sichtbaren Reste der Lagersiedlung und ordnet ihr folgerichtig auch den „ovalen Erdwall" als Amphitheater zu.

Erst nach dem Tode von Pighius erschien im Jahre 1615 der zweite Band seiner „Annales Romanorum", in dessen Vorwort es heißt: „Deswegen richtete er [Anm. der Autorin: Pighius] sein Interesse ganz auf das Sammeln von Spuren der Antike, schwelgend in den Möglichkeiten des Ortes, wo das Vetera oder Vetera Castra der Römer, das Cornelius Tacitus erwähnt, und viele Denkmäler der Alten am Rheinufer und in den Ruinen fast täglich zutage kommen und sich den Blicken bieten." Man kann also festhalten, dass es im 16. und 17. Jh. noch deutlich sichtbare Ruinen gegeben hat. Pighius darf getrost als einer der ältesten nachgewiesenen Denkmalschützer am Niederrhein angesehen werden: Er verurteilt

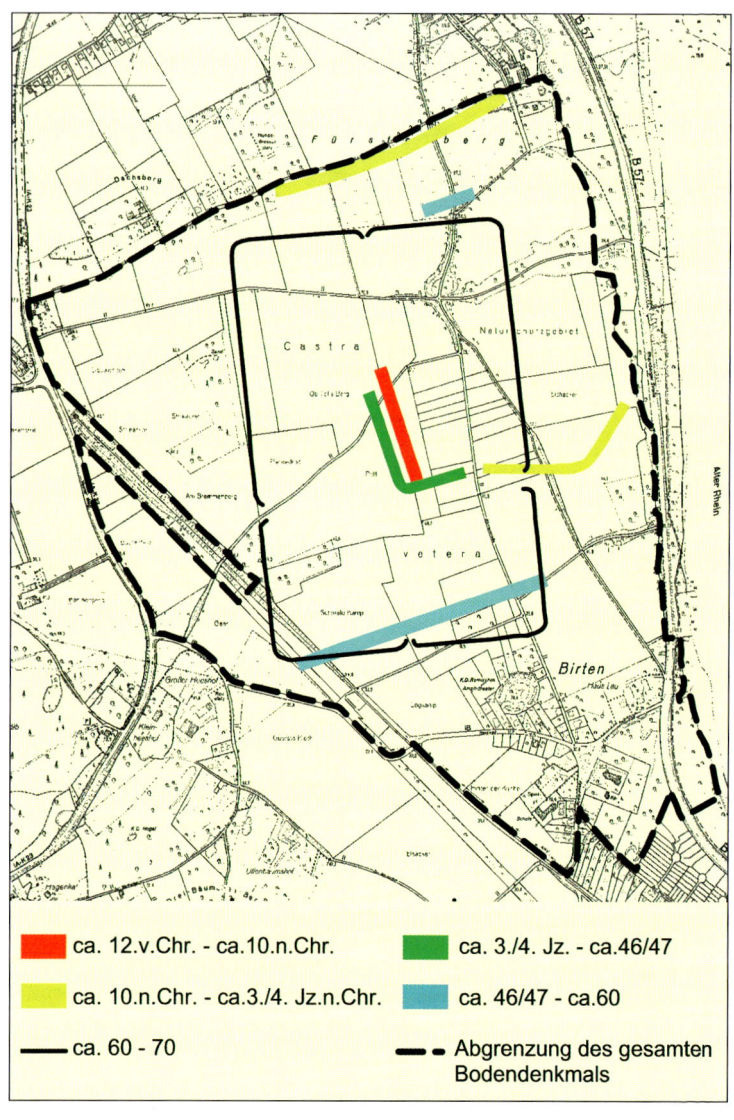

Legend	
ca. 12.v.Chr. - ca.10.n.Chr.	ca. 3./4. Jz. - ca.46/47
ca. 10.n.Chr. - ca.3./4. Jz.n.Chr.	ca. 46/47 - ca.60
ca. 60 - 70	Abgrenzung des gesamten Bodendenkmals

Abb. 37: Bodendenkmal Vetera I und Teile von fünf aufeinander folgenden Legionslagern

den Steinraub in den römischen Ruinen [Anm. der Autorin: in diesem Fall in der Colonia Ulpia Traiana] zutiefst, den vor allem das Viktorstift betreibt, um durch den Verkauf der Baumaterialien zu Geld zu gelangen. Pighius fordert ausdrücklich den Erhalt aller archäologischen Denkmäler!

Erste Ausgrabungen auf Veranlassung des Niederrheinischen Altertumsvereins Xanten hin sind in Vetera I bereits für die 80er und 90er Jahren des 19. Jh. belegt. Weitere Untersuchungen gab es durch das damalige Bonner Provinzialmuseum in den Jahren 1905 bis 1914 und 1925 bis 1933

Abb. 38: Errichtung einer Holz-Erde-Mauer durch römische Soldaten

(Abb. 36). Danach wurden die archäologischen Tätigkeiten eingestellt, da die Erforschung eines römischen Lagers als Instrument der Unterdrückung von freien Germanen nicht in das politische Konzept des nationalsozialistischen Regimes passte. Nach dem Zweiten Weltkrieg haben vor allem Ergebnisse aus Baustellenbeobachtungen, Luftbildprospektion, Begehungen und physikalischen Messungen zur Ergänzung der Erkenntnisse beigetragen.

Am besten erforscht ist das um 60 n. Chr. erbaute **neronische Zweilegionenlager**. Wir kennen jedoch Strukturen von vier früheren Militärlagern (Abb. 37). Von dem ersten, im Jahre 12. v. Chr. gegründeten Lager **(B)** ist bisher nur ein Teil der westlichen Umwehrung (einfacher Graben) mit Toranlage sowie ein Töpferofen für Soldatengeschirr und Öllämpchen archäologisch belegt. Welche Legion dort stationiert war, entzieht sich unserer Kenntnis. Es wurde um 10 n. Chr. durch ein zweites Lager **(A/C)** abgelöst, das bis in das 3. oder 4. Jahrzehnt Bestand hatte. Hiervon sind die nördliche Umwehrung (einfacher Graben und Holzer-

de-Mauer), die Südostecke und eine Toranlage bekannt. Das darauf folgende dritte Lager **(K)**, von dem bislang nur die Südwestecke (Doppelgraben und Holzerde-Mauer) nachgewiesen ist, bestand bis etwa 46 n. Chr. Reste der Innenbebauung weisen auf einfache Holzbaracken hin. Die beiden letztgenannten Lager beherbergten jeweils zwei Legionen, die 5. und die 21. Legion. Insgesamt waren damit über 10.000 Soldaten in Vetera I stationiert. Von dem vierten, bis 60 n. Chr. existierenden Lager **(I)** sind ein kleiner Teil der nördlichen Umwehrung (Doppelgraben) durch Ausgrabungen sowie ein großer Abschnitt der südlichen Befestigung durch Luftbilder erfasst. Weitere Befunde bestehen aus einem Töpferofen und den Fundamenten eines Gebäudes, das seinem Grundriss nach als Militärhospital interpretiert wird. In Lagerzeit L wurde die 21. Legion durch die 15. Legion abgelöst.

Das 621 × 902 m große, fast genau nord-südlich ausgerichtete **neronische Zweilegionenlager** umfasst eine Fläche von 56 ha. Es besaß als Umwehrung eine rund 3 m breite Mauer mit vier Lagertoren.

Davor lagen zwei Gräben. Die Außen- und Innenschale der Mauer hatte man als Fachwerkkonstruktion errichtet. Die Gefache waren mit Tonziegeln ausgekleidet. Zwischen den Schalen gab es hölzerne Querverstrebungen, gefüllt mit Erdreich bzw. Lehmbatzen (Abb. 38). Die ebenfalls in der „Holz-Erdetechnik" gebauten Zangentore besaßen beiderseits der 8,5 bis 9,5 m breiten Durchfahrt einen Turm. Weitere, in die Mauer eingebundene Türme, die es sicher gegeben hat, konnten archäologisch bislang noch nicht nachgewiesen werden. Über die vorgelagerten Gräben führten jeweils Brücken zu den eigentlichen Tordurchlässen. Der äußere Graben war 2,5 bis 3 m breit und 80 cm tief, während der innere Graben eine Breite von rund 4,50 m und eine Tiefe von 1,70 m aufwies. Ganz außen wurde die gesamte Befestigungsanlage noch durch einen Astverbau gesichert.

Rund ein Drittel des Innenraums wurde bis 1933 ausgegraben (Abb. 40). Dabei konnte nachgewiesen werden, dass das Lager strikt aufgeteilt war: Der Osten war der 15., der Westen der 5. Legion vorbehalten. Wo die Hilfstruppen untergebracht waren, wissen wir nicht. Bei den Gebäuden handelte es sich um Steinbauten, die je nach Rang

der dort untergebrachten Offiziere um so prächtiger waren. Die Hauptstraßen, bestehend aus Kiespackungen, wurden von Kolonnaden gesäumt. In zentraler Lage, direkt nördlich der *Via principalis* lag das Lagerforum (Abb. 39): Ein großzügiger Innenhof wurde an drei Seiten durch Doppelkammern und im Norden durch eine Basilika begrenzt. Diese diente als Aufbewahrungsort für die Fahnenheiligtümer der beiden Legionen und die Legionskasse.

Ein ebenso großes und prächtiges Gebäude stellte das nördlich an das *Forum* anschließende Verwaltungsgebäude der Lagerkommandanten dar. Es verfügte über mehrere, in sich geschlossene Einheiten. Der Komplex wurde durch die Ausgrabungen leider nicht vollständig erfasst. Das Forum war flankiert durch die Unterkünfte der beiden Legionskommandeure, die neben zahlreichen Räumlichkeiten über mehrere Innenhöfe und einen prächtigen lang-ovalen Garten verfügten (Abb. 41). In unmittelbarer Nachbarschaft befanden sich die Wohnungen der Lagerkommandanten und der Tribunen. Parallel zur *Via principalis* waren die Legionsreiter untergebracht. Am Rande der Innenbebauung lagen die Mannschaftsbaracken. Ganz im Westen, direkt südlich

Abb. 39: Modell der Principia von Vetera I

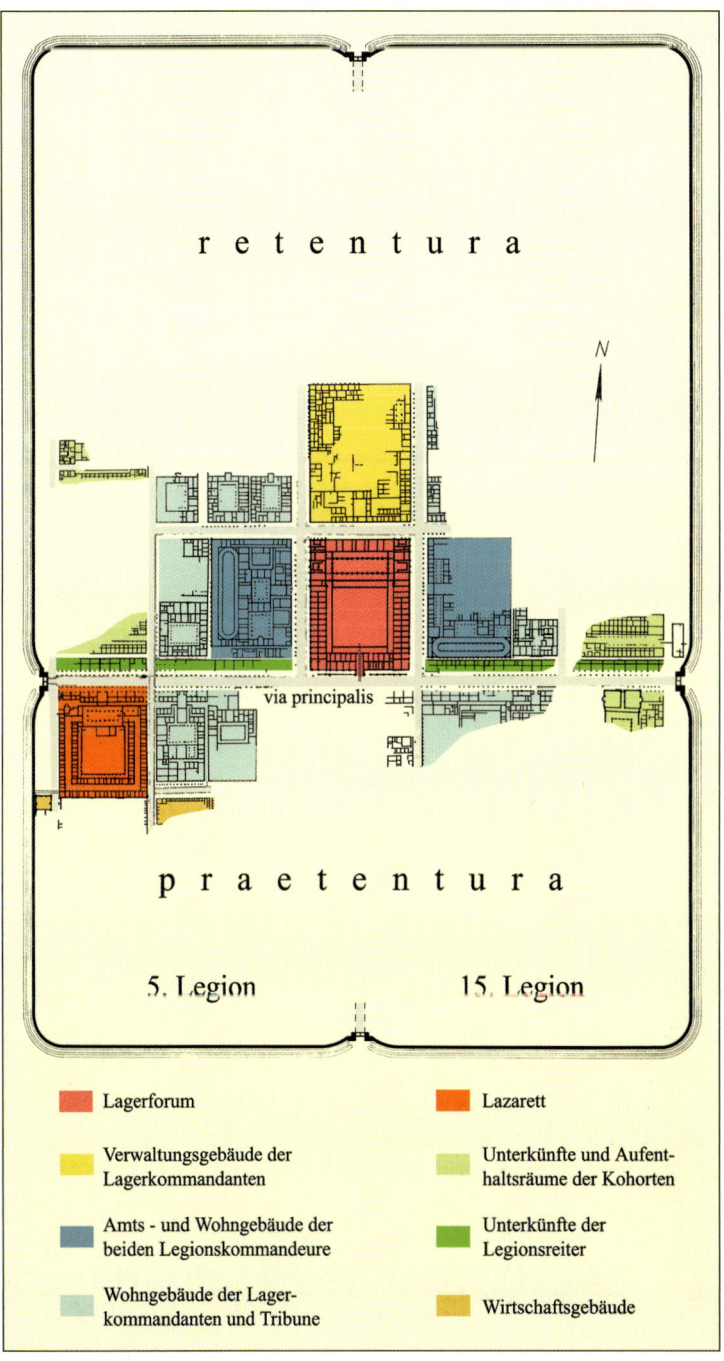

r e t e n t u r a

N

via principalis

p r a e t e n t u r a

5. Legion   15. Legion

Lagerforum

Lazarett

Verwaltungsgebäude der Lagerkommandanten

Unterkünfte und Aufenthaltsräume der Kohorten

Amts - und Wohngebäude der beiden Legionskommandeure

Unterkünfte der Legionsreiter

Wohngebäude der Lagerkommandanten und Tribune

Wirtschaftsgebäude

Abb. 40: Die ergrabenen Gebäude im Innern des Legionslagers aus der Zeit Kaiser Neros

Abb. 41: Rekonstruktion des Praetoriums von Vetera I

der *Via principalis* wurde das Lazarett vollständig ausgegraben: Um einen großen Innenhof gruppierten sich die Krankenzimmer und der Operationssaal (Abb. 42).

Durch Luftbilder konnten in den letzten Jahrzehnten weitere Teile der Innenstrukturen erschlossen werden (Abb. 43), darunter ein großer Abschnitt der *Via praetoria* und mehrere Gebäudespuren. Weitere Mannschaftsbaracken lagen demnach an der südlichen Lagerumwehrung. Bei der Verlegung einer Rohrleitung im Bereich der Bahntrasse kamen außerdem Fundamente zutage, die möglicherweise zu den Unterkünften der Hauptleute der 5. Legion gehörten. Die letzten Bodeneingriffe innerhalb des neronischen Lagers gab es in den 1990er Jahren. Auf Grund ihres geringen Umfanges konnten damals allerdings keine wesentlichen Beobachtungen gemacht werden.

Nach genau zehnjährigem Bestehen wurde das Lager im Jahre 70 n. Chr. durch die aufständischen Bataver dem Erdboden gleichgemacht. Tacitus berichtet, dass die Lagerbesatzung zuvor die zugehörige Zivilsiedlung (*Canabae legionis*) selbst zerstört hatte (Hist. IV, 22). Vermutlich handelte es sich hierbei um eine Politik der „verbrannten Erde". Vetera I wurde nicht an derselben Stelle wieder aufgebaut. Statt dessen wähl-

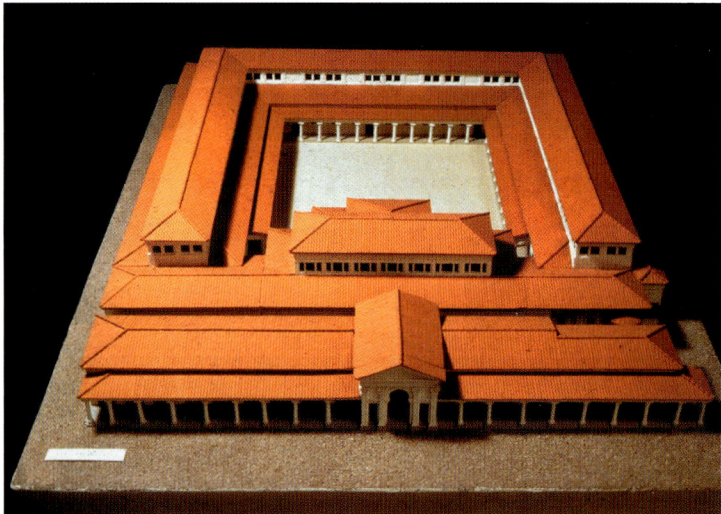

Abb. 42: Modell des Valetudinariums von Vetera I

Abb. 43: Luftaufnahme der Principia von Vetera I

te man einen Standort im Osten, in der Nähe des römerzeitlichen Rheins, und errichtete dort ein neues Militärlager, heute Vetera II genannt (s.o., Seite 20f.).

Die Lagersiedlung (1b)

Im Süden und Südosten sind auf dem Fürstenberg durch Suchschnitte und Baustellenbeobachtungen einige wenige Bestandteile der neronischen *Canabae legionis* archäologisch nachgewiesen (Abb. 44). Dort waren unter anderem auch Zivilbehausungen angesiedelt, in denen vermutlich die Angehörigen der Soldaten wohnten. Der römische Legionär dürfte zwar erst nach seinem Ausscheiden aus dem aktiven Dienst heiraten (s.o., Seite 39), man kann jedoch davon ausgehen, dass es zu eheähnlichen Beziehungen mit einheimischen Frauen kam, aus denen auch Kinder hervorgingen. Die Soldaten selbst hatten ihre Unterkünfte innerhalb des Lagers. Erst für das Ende des 2. Jh. ist historisch belegt, dass ihnen das Zusammenleben mit ihren Frauen auch außerhalb der Lagermauern in den Zivilsiedlungen gestattet war. Diese Lockerungen sollten die Angehörigen des Militärs, auf die die Herrschenden zum

Erhalt der Macht angewiesen waren, bei guter Laune halten.

Ähnlich wie in den römischen Städten existierten in den *Canabae* rechtwinklige Straßensysteme, die die Wohn- und Gewerbeviertel einrahmten. Bei den Häusern handelte es sich um einfache, auf Steinfundamenten errichtete Fachwerkbauten, die mit gebrannten Dachziegeln eingedeckt waren. Neben den Privathäusern gab es Freizeitstätten und Handwerksbetriebe. Es ist anzunehmen, dass im Umfeld von Vetera I unter anderem Töpfer und Schmiede, Tischler und Drechsler, Gerber und Schneider, Bäcker und Wirte lebten und arbeiteten. Die Verkaufs- und Schankräume befanden sich innerhalb der Häuser fast immer an der Straßenseite, während Werkstätten und Lagerräume im rückwärtigen Teil lagen.

Die Wirtshäuser dienten neben der Befriedigung von Hunger und Durst auch der Kontaktpflege zwischen den Soldaten und der einheimischen Bevölkerung (Abb. 45). Hier wird auch so manches Handelsgut den Eigentümer gewechselt haben. Obwohl die Römer über Geld verfügten, ist davon auszugehen, dass es einen regen Tauschhandel gab: zum Beispiel einheimische Naturalien

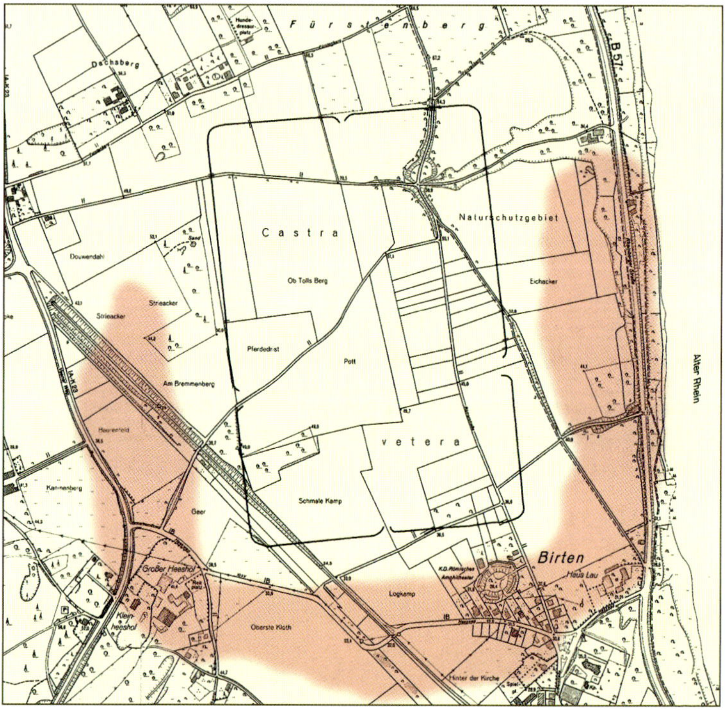

Abb. 44: Mögliche Ausdehnung der Lagersiedlung

Abb. 45: Wirtshaus in einer Lagersiedlung als Treffpunkt für Römer und Einheimische

Abb. 46: Amphitheater Birten mit Blick auf die Bühne

gegen Handwerksprodukte. Außerdem wurde in den Schänken, aber auch draußen im Freien der Spielleidenschaft gefrönt. Gewöhnlich handelte es sich dabei um Brett- und Würfelspiele. Die Limesstraße führte südlich von Vetera I mitten durch die *Canabae* bis zur *Porta praetoria*. An dieser wichtigen Verkehrsader werden unter anderem auch die Herbergen gelegen haben, die den Reisenden Unterkunft boten. Ein weiterer wichtiger Bestandteil der Siedlung war das Gemeinschaftsbad, dessen Standort wir jedoch nicht kennen.

Zu den neronischen *Canabae legionis* gehörte auch das heute noch bestehende und gelegentlich für volkstümliche Aufführungen genutzte Amphitheater (Abb. 46). Es ist nur deshalb erhalten geblieben, weil es durch die Jahrhunderte als Ort des Martyriums des hl. Viktor und seiner Gefährten angesehen wurde (s.u., Seite 87ff.). Umgeben von einem heute noch 8 m hohen und max. 20 m breiten Wall, bildet es mit 98 m Länge und 84 m Breite eine Ellipse. In der Ost-West-Achse befanden sich die Eingänge. Die eigentliche Bühne umfasst heute eine Ausdehnung von 47 × 34 m. Hinweise auf Art und Gestaltung der in antiker Zeit in die Wälle eingelassenen Sitzgelegenheiten existieren nicht. Gesichert ist nur eine Abgrenzung zur Bühne hin durch eine Holz-Erde-Mauer. Man darf davon ausgehen, dass das Amphitheater eine Aufnahmekapazität von etwa 10.000 Besuchern hatte.

Das Gräberfeld (1c)

Im 1. bis 3. Jh. n. Chr. pflegten die Römer ihre Toten zu verbrennen. Die Asche wurde dann zusammen mit einigen Beigaben, die ein „Leben im Jenseits" ermöglichen sollten, in Grabgruben beerdigt. Körperbestattungen setzen sich erst gegen Ende des 3. Jh. bzw. im 4. Jh. durch (zu den Bestattungssitten und -formen: s.u., Nr. 7/18/19).

Im Südosten liegt im Bereich des Birtener Kirchenhügels das zu Vetera I gehörige Gräberfeld mit bislang über 60 nachgewiesenen Brandbestattungen (Abb. 47 u. 48). Einige dieser Gräber kamen beim Bau der Birtener Gemeindekirche in den Jahren 1902/03 zutage. Die meisten Bestattungen wurden jedoch erst bei der Anlage des Waldfriedhofes im Jahre 1960 ausgegraben. Man geht davon aus, dass die südliche Begrenzung der *Canabae legionis* durch den Friedhof markiert

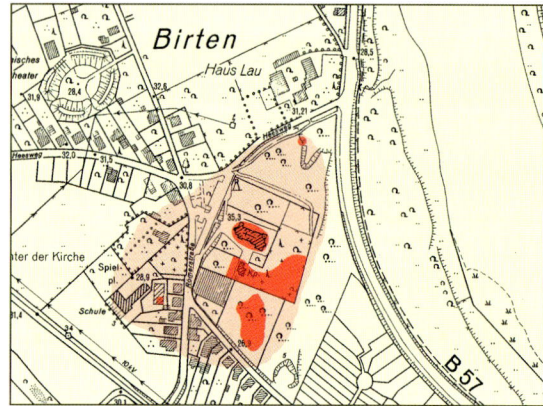

Abb. 47: Mögliche Ausdehnung (helle Schattierung) und nachgewiesene Bereiche (dunkle Schattierung) des römischen Gräberfeldes

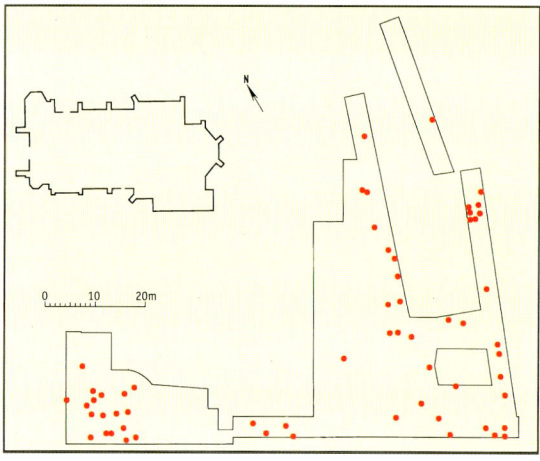

Abb. 48: Nachgewiesene römische Bestattungen im Bereich des modernen Waldfriedhofes

wird, der nach römischer Sitte außerhalb der Siedlung gelegen haben muss.

Die Gräber datieren mit einer Ausnahme in die augusteische bis neronische Zeit, also von kurz vor der Zeitenwende bis zum Ende des 7. nachchristlichen Jahrzehnts. Die einzige jüngere Grablegung stammt aus der Zeit des Kaisers Vespasian (69–79 n. Chr.). Zwei Bestattungen wurden seinerzeit auf Grund der Beigaben, einem Spinnwirtel sowie einem Anhänger und Perlen, als Frauengräber interpretiert. Erwähnenswert ist darüber hinaus ein etwas reicheres Grab, das unter anderem zahlreiche verzierte Knochenelemente enthielt. Möglicherweise handelte es sich hier um Beschläge einer ursprünglich hölzernen Liege, die dem Ver-

storbenen als Ruhelager für das Jenseits mitgegeben worden war.

Vereinzelte römische Gräber, deren Beigaben heute entweder verschollen oder aber in Privatbesitz sind, fanden sich seit dem 19. Jh. immer wieder auch in der weiteren Umgebung. Der bislang letzte Fund stammt aus dem Anfang der 1980er Jahre, als ein erwähnenswertes Dachziegelgrab während des Baus der Gasleitungstrasse Rheinberg – Xanten zutage kam (Abb. 49). Ein ausgedehntes Gräberfeld mit Bestattungen, die bis in das 1. Jh. n. Chr. zurückreichen, liegt wesentlich weiter nördlich von Vetera I im heutigen Stadtgebiet Xantens an der römischen Straße zwischen Vetera II und der Colonia Ulpia Traiana (s.u., Nr. 7).

Abb. 49: Beispiel eines römischen Dachziegelgrabes

Exkurs:
Der Archäologische Landschaftspark Fürstenberg

Der Bereich der Legionslager und größte Teile der Lagersiedlung blieben in den letzten 2.000 Jahren ohne Überbauung. Lange Zeit durfte also davon ausgegangen werden, dass die Gräben, Mauerfundamente und Fundgegenstände als unterirdische Denkmäler ungestört im Boden verbleiben können. Dementsprechend erfolgte eine großflächige Ausweisung als Bodendenkmal Anfang der 1990er Jahre. Trotz der Eintragung in die Denkmalliste der Stadt Xanten und obwohl große Teile von Vetera I unter Natur- und Landschaftsschutz stehen und daher gewissen Veränderungseinschränkungen unterliegen, ist das gesamte Gebiet in mehrfacher Hinsicht von Zerstörung bedroht:

1. Durch intensive landwirtschaftliche Nutzung, vor allem das Tiefpflügen, werden oberflächennahe Architekturbereiche in Mitleidenschaft gezogen. Wandert man im Frühjahr, kurz vor der Aussaat neuer Feldfrüchte über den Fürstenberg, sind in großen Bereichen Konzentrationen von Ziegelbruchstücken und anderen Baumaterialien auf dem Acker zu beobachten.

2. Erhöhte Nitratgehalte im Sickerwasser und Überfrachtung des Bodens mit Chlorid- und Sulfatablagerungen bewirken möglicherweise Schädigungen an den noch in situ befindlichen Metallfunden. Konkret bedeutet dies, dass die Objekte deutliche Korrosionserscheinungen aufweisen, der Metallkern häufig schon total zerstört ist. Das war bei nahezu allen, im Rahmen einer Versuchsreihe im Jahre 1994 ge-

borgenen und durch die Forschungs- und Materialprüfungsanstalt Baden-Württemberg untersuchten Funden aus Vetera I der Fall, während sich die in den Ausgrabungen zwischen 1905 und 1933 geborgenen Metallgegenstände noch in einem verhältnismäßig guten Zustand befinden.

3. Nach starken Regenfällen treten, bedingt durch die Hanglage, häufig Erosionsschäden in Form von Bodenabschwemmungen und Rinnenbildungen auf. Dies ist besonders stark im Westen des Bodendenkmals entlang der Bahnlinie zu beobachten. So musste Anfang der 1990er Jahre zum Beispiel die Bahnlinie gesperrt werden, da nach einem starken Gewitter Erdmassen auf die Schienen hinab gespült worden waren. Dabei kamen Mauerreste ans Tageslicht.

4. Seit Jahrzehnten führt unerlaubtes Nachforschen nach römischen Kulturgütern durch Raubgräber zu umfangreichen Befundzerstörungen und Diebstahl von Fundgut. Bereits mehrfach wurden unbefugte Personen beim Einsatz von Metalldetektoren dingfest gemacht. Ihre Suche galt vornehmlich römischen Münzen, Militaria und Schmuck. Im Jahre 1986 konnte eine größere Raubgrabung in der *Retentura* des neronischen Lagers beobachtet werden. Die Raubgräberaktivitäten, die auch bei den ortsansässigen Landwirten heftigen Unmut hervorrufen, gehen oftmals auf das Konto von Zugereisten.

Um die fortschreitende Zerstörung zum Stillstand zu bringen, soll das Bodendenkmal nun langfristig in ein archäologisch-kulturlandschaftliches Reservat umgewandelt werden. Dies bedeutet, die Kernflächen durch Ankauf in die öffentliche Hand zu überführen, aus der intensiven ackerbaulichen Nutzung herauszunehmen und statt dessen dauerhaft zu begrünen. Durch den Wegfall des Pflügens wird einerseits das Bodengefüge nicht mehr gestört; andererseits führt eine dauerhafte Begrünung dazu, dass Erosionsschäden nicht mehr bzw. nicht mehr in gravierendem Maße auftreten. Darüber hinaus kommt es, anders als bei einem ständigen Wechsel zwischen Brache und Ackerbau, zu einem permanenten Nitratentzug aus dem Boden, der die fortschreitende Zerstörung der Metallobjekte unterbinden kann.

Die Umwehrung des 56 ha großen neronischen Lagers ist innerhalb dieser umgewandelten Landschaft durch flach wurzelnde Heckenstrukturen obertägig sichtbar zu machen. Solitärbaumgruppen sollen den Standort der vier Lagertore markieren. Zahlreiche Schautafeln bringen dem Besucher die archäologische bzw. historische Bedeutung von Vetera I nahe. Durch die Umwandlung der Flächen und die Sichtbarmachung eines Teils der Lagerstrukturen stellt der Archäologische Landschaftspark Fürstenberg im Kulturraum Xanten ein attraktives Ausflugsziel und Erholungsgebiet dar.

Das Konzept war in den 1990er Jahren durch das Rheinische Amt für Bodendenkmalpflege und das Umweltamt des Landschaftsverbandes Rheinland unter Berücksichtigung der Vorgaben aus dem Denkmal- und Naturschutz entwickelt worden. Ende 1997 reichte der Rheinische Verein für Denkmalpflege und Landschaftsschutz e. V. einen Antrag zur Finanzierung des Projektes bei der Nordrhein-Westfalen-Stiftung Naturschutz, Heimat- und Kulturpflege ein, der im Folgejahr positiv beschieden wurde. Wie das Beispiel des Archäologischen Parks Xanten (s.o., Seite 27f.) zeigt, ist für die Realisierung eines solchen Projekts bis zur tatsächlichen Fertigstellung nicht der Zeitraum von ein paar Jahren, sondern eher eines Jahrzehnts und mehr einzukalkulieren.

Ein mittelalterlich-neuzeitlicher Hohlweg (2)

Das mittelalterliche Verkehrsnetz entwickelte sich in Mitteleuropa bereits während der Karolingerzeit, wobei man auch noch vorhandene römische Fernstraßen weiter benutzte. Die römische Technik, Straßen mit einem festen Belag aus Kies oder Schotter zu versehen, wurde in der Folgezeit nicht übernommen bzw. ist im Überlandverkehr bislang nicht nachgewiesen. Noch bis in das 18. Jh. hinein waren bedeutende Heer- und Handelswege unbefestigt. Daher wählte man für die Trassenführung häufig höher gelegene Bereiche, die trockener waren und über festes Erdreich verfügten. Außerdem bot die Höhenlage eine bessere Fernsicht zur Orientierung.

Da die ländlichen Straßen also unbefestigt waren, entstanden durch die fortwährende Nutzung von Tier und Mensch bzw. Karren oder Wagen Pfade, die sich tief in den Boden eingegraben haben. Diese werden aufgrund ihrer Form Hohl- oder auch Kehlwege (Kehl = Rinne) genannt. Viele Hohlwege finden sich heute an Berghängen, da hier durch die Beanspruchung eine Bodenerosion begünstigt wurde, die eine Eintiefung noch verstärkte. Unterstützt wurde dieser Prozess durch Niederschläge, bei denen die Wege sich zu Abflussrinnen wandelten. Gut erhaltene Hohlwege sind außerdem in Waldgebieten zu beobachten bzw. dort, wo sie durch Bäume gesäumt werden, da durch den Bewuchs bzw. die Wurzeln eine Zuschüttung mit Erdreich verhindert wird.

Die älteste bekannte, mittelalterliche, für den norddeutschen Raum überlieferte Straßenverkehrsordnung ist im Sachsenspiegel aus der Zeit um 1230 verzeichnet: „Des Königs Straße soll so breit sein, dass ein Wagen dem anderen ausweichen kann. Der leere Wagen soll ausweichen dem geladenen, der minder geladene dem schweren. Der Reiter weiche dem Wagen aus und der Fußgänger dem Reiter." Nach anderen mittelalterlichen Quellen war es unter anderem untersagt, eine öffentliche Straße zu „beplanken" oder zu „begraven" (Anlegen einer Begrenzung durch Zäune oder Aushub von Gräben). Belegt ist auch, dass für Fernverbindungen, an denen Straßenzölle erhoben wurden, die Einnahmen immer mit der Verpflichtung verbunden waren, den Verkehrsweg in Ordnung zu halten und, wenn nötig, auszubessern.

Abb. 50: Hohlweg auf dem Fürstenberg

Im Mittelalter und in der frühen Neuzeit führte die alte Heerstraße, die von Rheinberg in Richtung Xanten verlief, mitten über den Fürstenberg durch das einstige Lagerareal von Vetera I (s.o., Nr. 1). Die heutige B 57 entlang des Altrheins folgt einer Trasse, die erst Anfang des 19. Jh. durch die napoleonische Besatzung neu angelegt wurde. Die Heerstraße passierte das Kloster Fürstenberg (s.u., Nr. 3), den Galgenplatz (s.u., Nr. 4), eine dem Kloster zugehörige Mühle und schließlich das Leprosenhaus (s.u., Nr. 5), bevor sie in der Ebene die Stadt Xanten erreichte. Eine der ältesten Darstellungen des Straßenverlaufs findet sich auf der Karte von Mercator aus dem Jahre 1591 (s.o., Abb. 32). Hohlwege, darunter auch der „Galligs Keel" (= Kehl- bzw. Hohlweg zum Galgen), sind auch auf dem Stiftszehntatlas von 1697 verzeichnet. Heute sind die Hohlwege entlang der alten Heerstraße von dichtem Gehölz, bestehend aus Weißdorn, Hartriegel, Holunder, Vogelkirsche, Hainbuche, Eiche und Buche gesäumt und stehen unter Naturschutz (Abb. 50).

Abb. 51: Kloster Fürstenberg im Jahre 1464; Ausschnitt aus einem im Zweiten Weltkrieg zerstörten zeitgenössischen Gemälde

Das Kloster Fürstenberg (3)

In der ersten Hälfte des 12. Jh. wurde auf Betreiben von Norbert von Xanten aus dem Geschlecht der Grafen von Gennep auf dem damals nach einer älteren Kapelle noch Martinsberg (heute Fürstenberg) genannten Höhenzug ein weithin sichtbares, monumentales Kloster errichtet, das der Siegburger Benediktinerabtei unterstellt und der Mutter Gottes geweiht war. Zuvor hatte der später (1582) heilig gesprochene Norbert in seiner Funktion als Kanoniker in Xanten versucht, das zu jener Zeit sehr verweltlichte Viktorstift zu einer ursprünglichen christlichen Lebensform zurückzuführen. Als dies misslang, konnte er den Abt des Siegburger Benediktinerklosters sowie den Kölner Erzbischof und den Grafen von Kleve von seinem Plan zur Errichtung eines Klosters überzeugen, in dessen Mauern der wahre apostolische Glauben gelebt werden sollte.

Im Jahre 1116 stellte der niederrheinische Adelige und erzbischöfliche Ministeriale Heinrich von Dornick aus Alpen ein einstmals seiner Familie durch das Kölner Erzbistum übertragenes Lehen auf dem Fürstenberg für den Klosterbau zur Verfügung. Außerdem stifteten er und seine Brüder auch noch eigenen Landbesitz. Eine Urkunde Arnolds I. von Randerath aus dem Jahre 1144 führt eine lange Liste aller inzwischen verbuchter Schenkungen und Stiftungen beiderseits des Rheins auf. Sie enthält überdies Hinweise darauf, dass neben den Benediktinern inzwischen auch Nonnen desselben Ordens auf dem Fürstenberg ansässig waren.

Nachdem zu einem nicht bekannten Zeitpunkt und aus unbekannten Gründen die Benediktinermönche nach Siegburg zurückgekehrt waren, bewirtschafteten die Nonnen das Kloster alleine. Im Jahre 1259 wurde es durch die Siegburger Abtei an die durch Brand obdachlos gewordenen Zisterzienserinnen von Horst bei Deventer verkauft. Der Kaufvertrag beinhaltete unter anderem die Klausel, dass den verbliebenen Benediktinerinnen lebenslanges Wohnrecht und Unterhalt im Kloster Fürstenberg gewährt wurde. Für das Jahr 1284 ist die letzte Heilige Messe für sie in der Klosterkirche belegt. Ein Teil des Grundbesitzes verblieb der Abtei von Siegburg.

Abb. 52: Die Kapelle Fürstenberg im Bereich des ehemaligen Klosters

Trotz zahlreicher Spenden und Schenkungen verarmte das Kloster in der Folgezeit, bedingt durch Kriegswirren, Zerstörung und kostspielige Wiederaufbaumaßnahmen. Zudem war der Lebenswandel der Zisterzienserinnen schließlich so locker geworden, dass 1467 der Abt von Kloster Kamp (Kamp-Lintfort), dem die Ordensgemeinschaft auf dem Fürstenberg inzwischen unterstellt worden war, tiefgreifende Reformen durchführen musste. Ein Teil der Nonnen wurde sogar aus dem Orden entlassen. Im Jahr 1586 erfolgte eine völlige Zerstörung der Gebäude im spanisch-niederländi-schen Krieg. Die Zisterzienserinnen kamen daraufhin im Xantener Agnetenkloster unter (s.o., Seite 33).

Wie das Kloster im Mittelalter ausgesehen hat, erfahren wir von einem Gemälde aus dem Jahre 1464, das leider im Zweiten Weltkrieg zerstört worden ist (Abb. 51). Aus einigen frühneuzeitlichen Bilddarstellungen der dreischiffigen Kirchenruine romanischen Ursprungs wissen wir von vier Türmen, von denen die beiden Osttürme zu diesem Zeitpunkt noch eine Höhe von rund 30 m aufwiesen. Annähernd rekonstruieren lässt sich aus den Ansichten auch der Grundriss mit ca.

60 m Länge und 28 m Breite sowie die Höhe des Mittelschiffes mit etwa 20 m.

Das Steinmaterial der Klosterruinen wurde im 17. Jh. verkauft. Dieser Demontage haben wir wahrscheinlich auch den berühmten, als Spolie in den Klostermauern verbauten Gedenkstein des römischen Hauptmannes Marcus Caelius zu verdanken (s.o., S. 44f.). Aus einem Teil des Erlöses erbaute man an der Stelle der ehemaligen Abteikirche unter Einbeziehung des letzten noch erhaltenen Ostturms im Jahre 1672 die heute noch bestehende Kapelle (Abb. 52). Einem späteren Umbau, auf den sich offensichtlich die am Westgiebel befindliche Jahreszahl 1699 bezieht, fiel dann auch dieser Turm zum Opfer. Er wurde durch einen Dachreiter ersetzt. In direkter Nachbarschaft liegt ein in Privatbesitz befindliches neuzeitliches Gutshaus, „Haus Fürstenberg" genannt, das 1843 durch den berühmten Kölner Dombaumeister Ernst Friedrich Zwirner erbaut worden ist. In den 1930er Jahren diente es der Düsseldorfer Malerschule als Sommerakademie. Heute beherbergt das Haus eine Galerie mit Kunstwerken des 20. und 21. Jh.

Der Galgenplatz (4)

Der Galgen, bereits für das Mittelalter in Schriftquellen belegt, hat sich ursprünglich aus einem Baum mit einem längeren Seitenast entwickelt. Entsprechend bestand er in seiner Frühzeit aus einem Pfeiler (auch „Baum" genannt) mit einem rechtwinklig abgeknickten Balken. Da diese Konstruktion relativ instabil war, wurde sie allmählich weiter entwickelt: Gängigste Form war später der doppel- oder dreipfostige Galgen (= zwei oder drei Bäume), der oben eine bzw. zwei Querverstrebungen besaß (Abb. 53). Ihre Darstellung findet sich auf vielen mittelalterlichen und frühneuzeitlichen Bildern wieder.

Das Hängen war die Strafe, die hauptsächlich an den ärmeren Bevölkerungs-

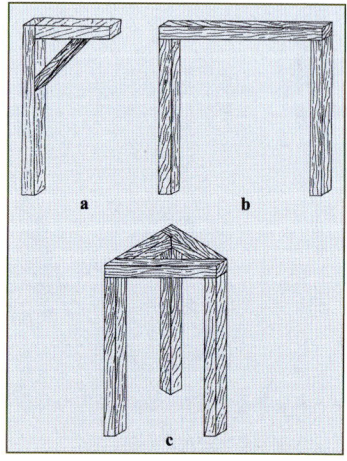

Abb. 53: Entwicklungsformen des Galgens: Pfeiler mit Balken (a), doppelpfostiger Galgen (b) und dreipfostiger Galgen (c)

schichten und dabei ursprünglich vorwiegend an den Dieben vollzogen wurde. Dies findet sich auch heute noch in zahlreichen Sprichwörtern wieder: „Kleine Diebe hängt man, große lässt man laufen"; oder: „Arme werden am Genick aufgehängt, Reiche am Geldbeutel." Dass diese Hinrichtungsmethode vor allem Dieben vorbehalten war, ist für den norddeutschen Raum im Sachsenspiegel aus der Zeit um 1230 festgehalten. Wohlsituierte Bürger und Adelige wurden mit dem Schwert enthauptet.

Einheitliche Rechtsvorschriften existierten im Mittelalter noch nicht. So wurde der Strafvollzug regional recht unterschiedlich gehandhabt. Es sollte allerdings normalerweise weder Rücksicht auf das Geschlecht noch auf das Alter eines Delinquenten genommen werden. Dennoch existieren in mittelalterlichen Archivalien vergleichsweise selten Hinweise auf gehängte Frauen, bzw. ist belegt, dass sie für die gleiche Tat mancherorts eine mildere Strafe erhielten als Männer. Auch Kinder unter 14 Jahren wurden meistens verschont. So steht es bereits in Schriftquellen des 9./10. Jh. und später auch im

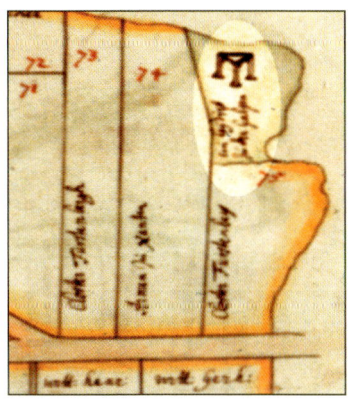

Abb. 51: Dreipfostiger Galgen seitlich der Heerstraße von Rheinberg nach Xanten am Südhang des Fürstenberges, dargestellt im Stiftszehntatlas Xanten

Xanten, wo die Deutsche Grundkarte am Südhang des Fürstenberges die Bezeichnung „Galgenberg" aufweist. Eine der ältesten Abbildungen findet sich auf einem Kupferstich aus den Jahren 1660/63, wo der Galgen weithin sichtbar auf einem Berg (Fürstenberg) im Hintergrund der Stadt Xanten zu sehen ist. Ob es sich hier um ein dreipfostiges Exemplar oder einen zweipfostigen Galgen mit einem Gehängten handelt, ist schwer zu entscheiden. Auf dem Stiftszehntatlas von 1697 zeigt sich in Höhe des heutigen Schützenhauses jedenfalls ein Dreiholz, gelegen in Nähe der alten Heerstraße, die von Rheinberg kommend über den Fürstenberg bis an das Marstor (s.u., Nr. 9) in Xanten führte (Abb. 54).

Schwabenspiegel, der etwa 1275 in Augsburg entstand. Durch Vorschriften eingeengt, war darüber hinaus der Zuschauerkreis: Vielerorts durften Schwangere und Kinder einer öffentlichen Hinrichtung nicht beiwohnen.

Die Richtstätte lag vor den Toren der Stadt, häufig auf erhöhtem Gelände und in der Nähe stark frequentierter Verkehrswege. Der Delinquent wurde nicht selten in einer Art Prozession bis zum Galgen geführt. Ab dem späten Mittelalter bzw. der frühen Neuzeit konnten die Hinrichtungen sogar regelrechten Volksfestcharakter haben. Die exponierte Lage verfolgte mehrere Absichten: Einerseits sollte der eigentliche Prozess der öffentlichen Hinrichtung gut einsehbar sein, damit das Volk „auf seine Kosten kam"; andererseits sollte auch später noch eine abschreckende Wirkung erzielt werden, da der Gehängte normalerweise nach Eintreten des Todes noch eine Zeitlang als Mahnung am Galgen verblieb. So konnte jeder, auch der von auswärts Zugereiste sehen, dass vor Ort Recht und Ordnung herrschte.

Heute erinnern an die eigentliche Stätte nur noch Flurbezeichnungen: so auch in

Das Leprosenhaus (5)

Lepra verbreitete sich in Europa seit dem frühen Mittelalter. In entlegenen Gebieten hielt sich die Krankheit sogar bis in das 20. Jh. hinein. Das Fehlen medizinischer Heilmethoden und vor allem die Angst vor Ansteckung führte schon frühzeitig zu einem Ausschluss der Befallenen aus der sozialen Gemeinschaft der Städter und Dörfler. Zunächst auf freiem Feld vor den Toren der Stadt in primitiv gebauten Hütten hausend, erhielten die Leprakranken im Verlauf des Mittelalters durch die Fürsorge der Kirche und finanzielle Unterstützung von Bürgern eigene Ansiedlungen. Die Leprosorien lagen zumeist an einem stark frequentierten Weg, an dem ein Opferstock für Spenden von Durchreisenden aufgestellt war. Oft befand sich in ihrer Nähe auch eine Hinrichtungsstätte (s. o.).

Bestand der Verdacht auf eine Erkrankung, musste sich der oder die Betroffene einer Untersuchung von amtlich bestellten Leprabeschauern stellen. Es ist urkundlich belegt, dass z. B. die Städte Kleve und Kalkar ihre Verdachtsfälle zur Ausstellung eines Attestes zum Melatenhof nach Köln

Abb. 55: Das „Lasarushuisgen" seitlich der Heerstraße von Rheinberg nach Xanten am Südhang des Fürstenberges, dargestellt im Stiftszehntatlas Xanten

schickten, bevor sie im örtlichen Leprosorium Aufnahme fanden. Bei den Beschauern handelte es sich um Personen beiderlei Geschlechts, die selbst von der Krankheit befallen waren. Um Fehldiagnosen vorzubeugen, war vorgeschrieben, die Untersuchung mit aller Sorgfalt nur bei hellem Tageslicht am vollständig entkleideten Körper vorzunehmen. Die Annahme von Geschenken war strengstens untersagt. Schließlich galt es ja, bei einem positiven Befund und durch die darauf folgende Aufnahme in ein Leprosenhaus die Gesunden vor Ansteckung zu schützen.

Zu den Leprastationen gehörten neben einzelnen Wohnhäusern auch Wirtschafts- und Verwaltungsgebäude. Manche Leprosorien hatten ihre eigene Kapelle und einen Friedhof. Für die Selbstversorgung gab es Äcker und Gärten, wo Gemüse, Obst, Kräuter, usw. angebaut wurde. Das Leben innerhalb der Gemeinschaft war durch strenge, ordensähnliche Regeln geprägt. Bei Verstößen erfolgte eine harte Bestrafung. Aufnahme fanden Kranke aus allen sozialen Schichten. Vermögende Bürger brachten ihre Pfründe ein, armen Zeitgenossen wurde kostenlos Unterkunft gewährt. Reiche Leprahäuser verfügten über (gesundes) Personal zum Kochen, Putzen, Waschen, usw. Derart geregelte Lebensumstände führten gegen Ende des Mittelalters, vor allem aber in der frühen Neuzeit dazu, dass auch zunehmend nicht erkrankte Bürger ihren „Lebensabend" in einem Leprosorium verbringen wollten und sich dort einkauften.

Das im Spätmittelalter bezeugte Xantener Leprosenhaus lag im Süden außerhalb der Stadt am Nordhang des Fürstenberges und am Rande der alten Heerstraße, die aus Rheinberg kommend über die Anhöhe nach Norden in Richtung Xanten verlief. In unmittelbarer Nähe befand sich der Galgenplatz (s.o., Nr. 4). Eine genauere Lokalisierung zeigt der Stiftszehntatlas von 1697, wo das „Lasarushuisgen" als einfaches, kleines Gebäude dargestellt ist (Abb. 55). Das Xantener Leprosenhaus wurde im Verlauf des 18. Jh. abgerissen. Auf einem Ölgemälde aus der Zeit um 1790 ist es schon nicht mehr vorhanden.

Das römische Straßennetz (6/15)

Eine der römischen Errungenschaften war ein gut ausgebautes Straßennetz. Zunächst aus militärisch-strategischen Gründen organisiert, um ein schnelles Fortkommen der Truppen zu gewährleisten, kamen die Verkehrswege im Verlauf der Zeit auch der Reichsverwaltung und dem Handel zugute. Die Trassen verliefen in der Ebene über lange Strecken hinweg absolut geradlinig, während sie sich in Bergregionen eher dem Naturraum anpassten. In den Niederungen wurden sie je nach Untergrund auf einem zuvor aufgeschütteten Damm errichtet.

An lateinischen Bezeichnungen sind neben *Via* (Fahrweg, Landstraße) die Begriffe *Strata* (gepflasterte Straße), *Iter* (Weg, Straße, Bahn), *Agger* (Damm, Wall) oder *Platea* (Straße, Gasse) überliefert. Bei P. Papinius Statius (um 40–96 n. Chr.) aus Neapel finden wir eine Beschreibung über den lokalen antiken Straßenbau, die auch aus einem technischen Handbuch von heute stammen könnte: Zunächst muss die Trasse abgesteckt werden, wobei es auf Geradlinigkeit ankommt. Die Linienführung wird an den Rändern der künftigen Straße durch das Ziehen von Furchen festgelegt. Sodann ersetzt man die dazwischen liegende Humusschicht durch festeres Bodenmaterial, das aufgewölbt aufgetragen wird, damit das Wasser bei Regen abfließen kann. Nach der Befestigung der Straßenränder durch Begrenzungssteine, wird als Unterfütterung der Trasse eine Packung Steinmaterial eingebracht. Der obere Belag besteht schließlich aus Pflastersteinen, die in Mörtel verlegt sind. So viel zum Straßenbau im antiken Italien.

Am Niederrhein war es üblich, den Plattenbelag durch eine Kiesdecke zu ersetzen, da Natursteinmaterial aus großer Entfernung hätte herbei transportiert werden müssen (Abb. 56). Die Rheintal- oder Limesstraße, die es wahrscheinlich bereits seit der Zeitenwende gibt, jedoch erst unter Kaiser Claudius (41 bis 54 n. Chr.) planmäßig ausgebaut wurde, verband die römischen Legionslager und Städte miteinander.

Auf deutscher Seite sind dies bis zur niederländischen Grenze: Bonn (Bonna), Köln (Colonia Claudia Ara Agrippinensium), Dormagen (Durnomagus), Neuss (Novaesium), Krefeld-Gellep (Gelduba), Moers-Asberg (Asciburgium), Xanten (Vetera), Kalkar (Burginatium) und Kleve-Rindern (Harenatium). Etwas abseits der römischen Fernstraße lagen die Militärfestungen Duisburg-Halen (Calo) und Qualburg (Quadriburgium).

Die Limesstraße führte von der Schweiz bis an die Nordsee (gemeint ist die Rheinmündung in den heutigen Niederlanden) und ist auf der berühmten Tabula Peutingeriana dargestellt. Hierbei handelt es sich um die mittelalterliche Kopie einer römischen Weltkarte, die nach den Angaben des römischen Feldherren Agrippa angefertigt und im 4. bis 6. Jh. ergänzt wurde. Sie ist nach ihrem einstigen Besitzer, dem Augsburger Ratsherren Konrad Peutinger (1465–1547) benannt. Die fast 7 m lange, aber nur 34 cm hohe Karte ist aus zwölf Teilen zusammengesetzt und zeigt das Gebiet von Indien bis nach Spanien. Sie stellt neben bedeutenden Flüssen und Gebirgen auch die

Abb. 56: Römische Straße bestehend aus einer Packlage Kies und Ziegelbruchstücken

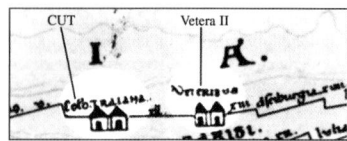

Abb. 57: Tabula Peutingeriana

Heerstraßen sowie die wichtigsten Militär- und Zivilstandorte dar. Darunter werden auch Vetera („Veteribus") und die Colonia Ulpia Traiana („Colo. Trajana") genannt (Abb. 57). Die Tabula Peutingeriana befindet sich heute in der Österreichischen Nationalbibliothek in Wien.

Auf antiken Meilensteinen sind Entfernungen angegeben, die sich in der Provinz Niedergermanien normalerweise auf Köln beziehen. Eine besonders aufschlussreiche Quellenangabe bezüglich Xanten finden wir in diesem Zusammenhang auch bei Tacitus (Ann. I, 45): Er beschreibt die Zuchtlosigkeit der 5. und 21. Legion (Meuterei 14 n. Chr.), die sich beim 60. Meilenstein (von Köln aus = 88,8 km) im Winterquartier namens Vetera befinden. Etwas weiter unten (Ann. I, 49) erfahren wir auch, dass Germanicus nach der Niederschlagung des Aufstandes bei Vetera eine Brücke über den Rhein bauen ließ, um einen Vorstoß gegen die Germanen zu unternehmen. Hierbei handelt es sich wohl um die Erwähnung der bislang ältesten römischen Brücke in Niedergermanien, die genauer lokalisiert werden kann. Zwar ließ schon Iulius Caesar bei seinem Vorstoß an den Rhein (s.o., Seite 19) eine Brücke bauen: ihre Lage (irgendwo südlich von Bonn?) ist jedoch nicht bekannt.

Im Xantener Raum gibt es diverse Nachweise für das römische Straßennetz (Faltplan 2). Im 1. Jh. n. Chr. teilte sich die Limesstraße südöstlich des Legionslagers Vetera I in zwei Trassen: in eine östliche Umgehungsstraße, die später im Mittelalter durch den vorrückenden Rhein vernichtet wurde (s.o., Seite 12 u. 21), und eine Wege-

führung durch die Militärfestung hindurch in Richtung Norden. Südlich von Xanten konnte die Straße im 19. Jh. noch als Damm beobachtet werden, der zehn bis 14 Fuß (= rund 2,5 bis 3,5 m) über der neuzeitlichen Geländeoberfläche verlief. Er wurde auf beiden Seiten von Entwässerungsgräben flankiert. Im Bereich des heutigen Stadtgebietes müssen sich beide Zweige wieder vereinigt haben, um sich in Richtung Nordwesten, vorbei an der Vorgängersiedlung der Colonia Ulpia Traiana, nach Burginatium (Kalkar) fortzusetzen. Eine weitere Trasse, deren genauen Verlauf wir im Raum Xanten nicht kennen, führte als West-Ost-Verbindung von Tongeren über Kaldenkirchen, Straelen, Geldern und Sonsbeck in Richtung Xanten.

Nach Aufgabe von Vetera I existierte auch eine Straßenverbindung zwischen Vetera II und der Colonia Ulpia Traiana. Diese Wegeführung wurde auf heutigem Xantener Stadtgebiet archäologisch im Bereich der Viktor- und Marsstraße, im Westen der Immunität und im weiteren Verlauf der Klever Straße nachgewiesen (s.u., Abb. 80). Dort konnte man drei Ausbauphasen feststellen: In der ältesten Schicht fand sich unter anderem eine Münze des Domitian (81–96), die auf eine eventuelle Entstehungszeit bereits zum Ende des 1. Jh. hindeuten könnte. Auf der anderen Seite waren römische Münzen meistens über lange Zeiträume hinweg in Gebrauch, so dass eine wesentlich spätere Datierung ebenfalls möglich ist. Die über 10 m breite Straße war mindestens bis zum Ende des 4. Jh. in Nutzung, wie weitere Münzfunde belegen. Ihr Aufbau bestand aus mehreren, teils stark verdichteten Packlagen Kies bzw. Schotter, die einen hochwasserfreien, künstlichen Damm bildeten. Entlang der Straße fanden sich sowohl eine kleine Handwerkersiedlung (s.u., Nr. 14) als auch die Gräberfelder (s.u., Nr. 7/18/19). Parallel verlief über weite Strecken außerdem eine römische Wasserleitung (s.u., Nr. 10).

Die römischen Gräberfelder unter der Stadt (7/18/19)

Im Zwölftafelgesetz, der ältesten bekannten römischen Rechtsquelle aus dem 5. vorchristlichen Jahrhundert ist festgehalten, dass die Toten abseits der Lebenden, also außerhalb der Städte und Ansiedlungen zu bestatten waren. Obwohl dem Gebot nicht immer gefolgt wurde, geschah dies doch im Normalfall entlang der größeren Ausfallstraßen. Die Gräber waren oberirdisch gekennzeichnet, zum Beispiel durch eine hölzerne Stele oder einen Gedenkstein, die den Namen oder auch Beruf bzw. besondere Verdienste des Toten aufführten. Reiche Bürger ließen sich sogar einen aufwendigen Grabbau errichten. Einer der Hintergründe für die Lage der Friedhöfe entlang der Straßen war der Gedanke, dass die Wanderer bzw. Reisenden, die die Stadt verließen oder erreichten, der Toten gedachten. Die Verstorbenen blieben damit zumindest in der Erinnerung lebendig. Häufig lag die letzte Ruhestätte der Wohlhabenden und Einflussreichen direkt an der Straße, während man die Armen oder vermeintlich Bedeutungslosen etwas abseits begrub.

Die Bestattung hatte bei den Römern eine so große Bedeutung, dass bereits zu Lebzeiten hierfür Geld angespart wurde. Man konnte auch einem Begräbnisverein beitreten, an den man regelmäßig Beiträge abführte. Nicht selten waren die Einzelheiten der Bestattung im Testament festgehalten. Nachdem der Tod eingetreten war, wurde der Verstorbene gewaschen, gesalbt und mit festlicher Kleidung versehen. Wie auf dem Lande auch heute noch in manchen Gegenden praktiziert, kamen Verwandte und Freunde in sein Haus, um Abschied zu nehmen. Erst dann wurde der Tote in einer feierlichen Prozession zum Friedhof gebracht.

In den ersten drei Jahrhunderten unserer Zeitrechnung war es üblich, die Toten zu verbrennen, eine Sitte, die auch die einheimischen Germanen bereits in vorrömischer Zeit pflegten. Der Einäscherungsplatz (*Ustrina*) lag meistens etwas abseits der eigentlichen Grabstelle. An Bestattungsformen lassen sich Brandgrubengräber, Brandschüttungsgräber, Urnengräber und *Busta* nachweisen (Abb. 59). Erst gegen Ende des 3. Jh. kommt es vermehrt zu Körperbestattungen in steinernen Sarkophagen oder Holzsärgen, die sich dann ab dem 4. Jh. im

Abb. 58: Römisches Urnengrab mit Gefäßbeigaben

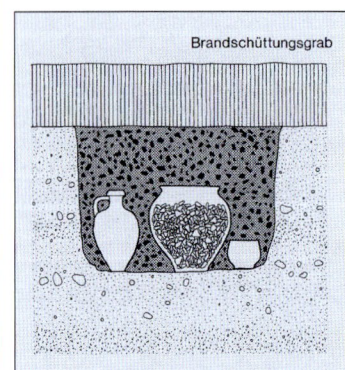

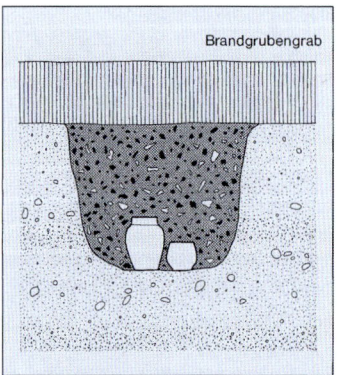

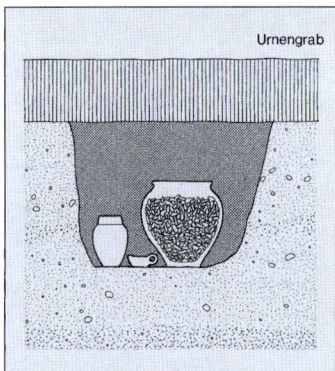

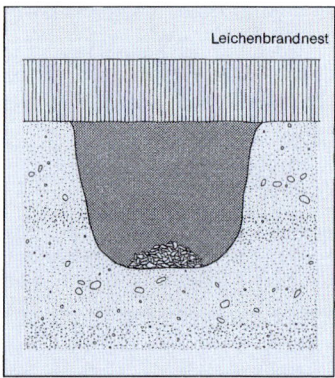

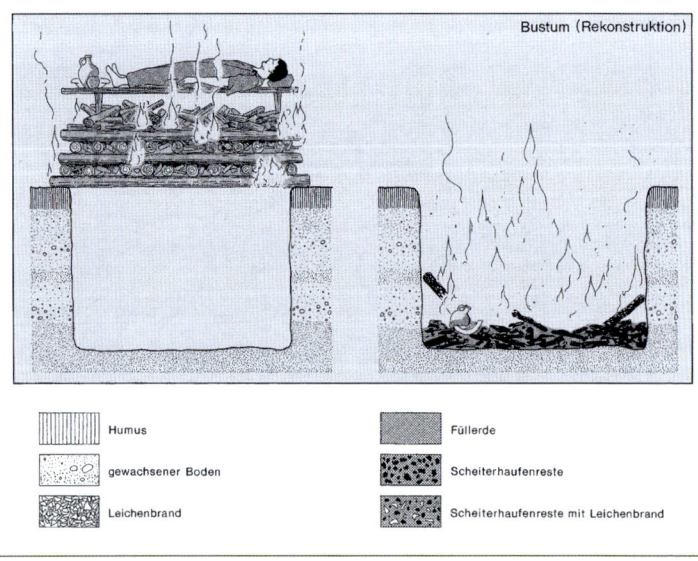

Abb. 59: Römische Bestattungsformen

Rheinland durchsetzen. Man vermutet, dass diese Form der Grablegung auf den Einfluss östlicher Auferstehungsreligionen zurückzuführen ist, die sich durch rekrutierte Militärangehörige aus dem Mittelmeerraum langsam auch hier verbreiteten.

Brandgrubengräber enthalten verkohlte Reste des hölzernen Scheiterhaufens und der menschlichen Knochen (Leichenbrand) sowie die ebenfalls verbrannten Beigaben. Bei Brandschüttungsgräbern sammelte man nur einen Bruchteil der verbrannten Knochen auf und gab ihn in ein Behältnis aus Keramik, Metall, Stein oder organischem Material (Holz, Leder, Stoff), das zusammen mit den hölzernen Scheiterhaufenresten, dem restlichen Leichenbrand und einigen nicht verbrannten Beigaben in die Grabgrube gelegt wurde. Urnengräber bestanden aus einem Gefäß mit dem Leichenbrand, das neben vereinzelten weiteren Beigaben in das Grab gelangte (Abb. 58). Bei einer vierten Bestattungsform, den *Busta*, wurde der Scheiterhaufen über oder in dem zuvor ausgehobenen Grab errichtet, so dass die verbrannten Holz- und Knochenreste sowie die Beigaben direkt in die Grube fielen (Abb. 60).

Da die Römer glaubten, dass die Seele des Verstorbenen weiter leben würde, versahen die Angehörigen das Grab mit Beigaben, die das Dasein im Jenseits garantieren bzw. verschönern sollten. Dabei handelte es sich vor allem um Gefäße, die Speisen und Getränke enthielten. Man findet aber auch Gegenstände des täglichen Gebrauchs wie Messer, Handspiegel, Schminkutensilien, Salbtöpfchen und Parfumfläschchen. Darüber hinaus können Schmuck oder Spielsteine und gelegentlich Münzen vorkommen. Waffenbeigaben sind selten. Ihr Vorhandensein beweist nicht unbedingt, dass der Verstorbene Militärangehöriger war. Waffen mussten nämlich normalerweise privat angeschafft werden und verblieben nach dem Ausscheiden aus dem aktiven Dienst häufig in Familienbesitz. So können sie als altes Familienerbstück durchaus einem Sohn oder Enkel des ursprünglichen Eigentümers in das Grab gelegt worden sein.

Im Raum Xanten befindet sich ein großer Teil der römischen Friedhöfe unter dem heutigen Stadtgebiet (Faltplan 2). Im Südosten der mittelalterlichen Stadt, vor allem aber im Bereich vor dem ehemaligen Mars-

Abb. 60: Verbrennungsgrube mit gut erkennbaren verkohlten Holzresten

Abb. 61: Römische Körperbestattung mit Beigabengefäßen rund um den Schädel

tor (s.u., Nr. 9) wurden in den letzten Jahrzehnten weit über 500 Brandbestattungen dokumentiert, die in das 1. bis 3. Jh. n. Chr. datieren (Nr. 7). Weitere Grablegungen fanden sich am auslaufenden Nordhang des Fürstenberges. Die Friedhöfe liegen seitlich der Straßen (s.o., Nr. 6/15), die von Vetera I und Vetera II in Richtung Nordwesten verliefen. Lange Zeit wurde angenommen, dass es sich um reine Soldatenfriedhöfe der Legionslager handelt, zumal sich vereinzelt diesbezügliche Inschriftenreste auf Grabsteinen erhalten haben. Inzwischen weiß man aufgrund von anthropologischen Untersuchungen jedoch, dass auch Frauen und Kinder hier bestattet wurden.

Auch südöstlich und nordwestlich der Colonia Ulpia Traiana wurden entlang der antiken Limesstraße Brandbestattungen des 1. bis 3. Jh. n. Chr. ausgegraben (Nr. 18 u. 19). Hierbei handelt es sich wahrscheinlich sowohl um Gräber von Militärangehörigen als auch von Zivilisten, die in einer kleinen Handwerkerniederlassung (s.u., Nr. 14) westlich des Domes, in der Vorgängersiedlung der Colonia Ulpia Traiana

des 1. Jh. n. Chr. und in der antiken Stadt selbst ab dem 2. Jh. n. Chr. ansässig waren. Im Bereich des Domes (s.u., Nr. 11/12/13) und seines Vorplatzes, unter dem Marktplatz und südöstlich der Immunität konnte man darüber hinaus auch spätantike Friedhofsareale mit Körperbestattungen nachweisen (Abb. 61).

Die römische Legionsziegelei (8)

Ziegeleien, die eigens durch die Legionäre und zunächst hauptsächlich zur Herstellung von Baumaterial für militärische Anlagen betrieben wurden, sind im Rheinland in Köln, Dormagen, Neuss und Xanten archäologisch nachgewiesen. Hier produzierte man neben Dachziegeln auch Wand- und Bodenplatten für den Innenausbau von Gebäuden, Heizkacheln oder Leitungsrohre. Man darf allerdings davon ausgehen, dass in Friedenszeiten neben den militärischen Einrichtungen auch die Zivilsiedlungen mit den Produkten beliefert wurden. Nicht nur der lokale Bezug zu den Legionslagern, sondern auch das relativ gute Rohstoffvorkommen bestimmten die Standortwahl für die Betriebe. So musste man für den Xantener Betrieb Lehm und Sand, beides in der Rheinaue reichlich vorhanden, nicht erst aus größerer Entfernung herantransportieren. Wichtig war sicher auch der Fluss als Verkehrsweg, auf dem die schweren Baumaterialien bequem auf großen Lastkähnen verschifft werden konnten.

Man nimmt an, dass es bei den einzelnen Schritten innerhalb der Ziegelherstellung eine Art Arbeitsteilung gab: Eine Schar Soldaten grub Lehm und Sand ab, die man dann zur Produktionsstätte brachte. Dort wurde der Lehm durch eine weitere Gruppe Legionäre zunächst mit reichlich Wasser geschlämmt, durchgeknetet und je nach Beschaffenheit mit Sand oder Steingrus angereichert. Die so entstandene Masse presste man anschließend in fertige Holzformen. Vor dem Brennen mussten die Produkte längere Zeit in großen Arbeitsschuppen trocknen. Die Brennöfen waren im Grundriss rechteckig und verfügten über eine tonnenartig gewölbte Abdeckung mit einem Abzug im rückwärtigen Teil (Abb. 63). Vorgelagert war eine eingetiefte Arbeitsgrube, von wo aus sowohl das Holz als Brennmaterial in den Feuerungsmund als auch die luftgetrockneten Ziegel in den Ofen transportiert wurden. Der Feuerungsraum lag tiefer als der eigentliche Brennraum, so dass die heiße Luft durch Schlitze gleichmäßig nach oben ziehen konnte.

Die Xantener Legionsziegelei lag östlich der Limesstraße in der Nähe der Straßenverbindung zwischen dem Legionslager Vetera II und der Colonia Ulpia Traiana (s.o., Nr. 6). Bereits 1901 wurde ein gut erhaltener Brennofen, ein Trockenschuppen und mehrere Fabrikationsräume durch den Niederrheinischen Altertumsverein ausgraben. Weitere archäologische Untersuchungen gab es aufgrund von Straßen- und Hausbaumaßnahmen in den 1970er und 1990er Jahren. Dabei kamen noch zwei Ziegelbrennöfen (Abb. 62), die wahrscheinlich überdacht waren, ein Töpferofen, einige aus Ziegeln gemauerte Becken zum Schlämmen des Lehms sowie Fundamente von Lager- bzw. Trocknungsschuppen zutage (Abb. 64). Zahleiche Abfallgruben enthielten Fehlbrände, also Produkte, die wegen Fehlerhaftigkeit nicht in den Handel gelangten. Wasser wurde in tönernen Rohrleitungen zugeführt (s. u., Nr. 10) und in Ab-

Abb. 62: Blick in das Innere eines Ziegelbrennofens der Legionsziegelei Xanten

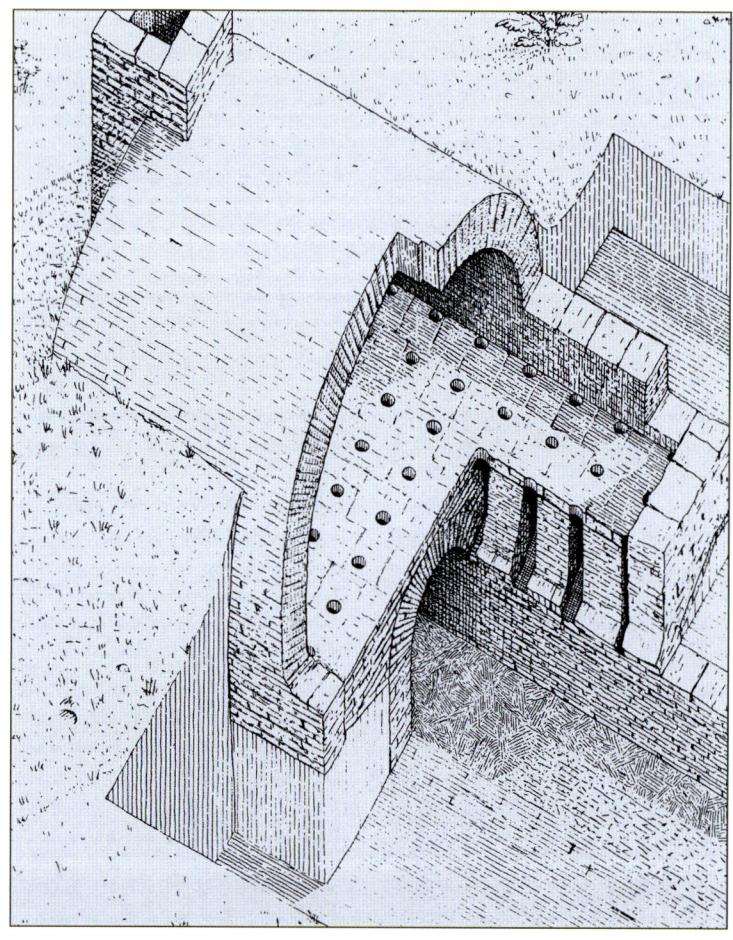

Abb. 63: Rekonstruktion eines römischen Ziegelbrennofens

wasserkanälen, die sorgfältig mit Ziegeln abgedeckt waren, wieder entsorgt. Zum Rhein, der in römischer Zeit relativ nah östlich der Ziegelei vorbei floss, führte eine Straße, die mit einer Kiespflasterung versehen war (s.o., Abb. 56). Eingegrabene Karrenspuren zeugen von regem Verkehr.

Nachgewiesene Produkte der Xantener Legionsziegelei sind Dachziegel, Hohlziegel, Verblendziegel, Wandkacheln, Hypocaustenplatten, Heizkacheln und Leitungsröhren. Die Ziegel weisen häufig Stempel der Legionen auf, die an der Produktion be-

teiligt waren. Belegt sind Stempel der *Legio XV primigenia* (ca. 43–70 in Vetera I stationiert), *Legio XXII primigenia* (ca. 71 bis nach 90 in Vetera II stationiert), *Legio VI victrix* (nach 90 bis 120 in Vetera II stationiert) und *Legio XXX ulpia victrix* (ca. 120 bis 276 in Vetera II, danach in der Tricensimae stationiert). Durch die gestempelten Ziegel lässt sich beweisen, dass die Produktion schon im 1. Jh. n. Chr., in der Zeit von Vetera I, aufgenommen worden ist und bis mindestens in die Mitte des 4. Jh. fortgeführt wurde.

Abb. 64: Fundamente eines kleinen Lagergebäudes der Legionsziegelei Xanten

Die mittelalterlich-frühneuzeitliche Stadtbefestigung (9/16/17) (Faltplan 3)

Zuvor eine kleine Handwerker- und Handelsniederlassung, die sich um die Stiftsimmunität herum gruppierte, erhielt Xanten im Jahre 1228 durch den Kölner Erzbischof Heinrich I. von Molenark Stadtrechte. Damit eng verbunden war das Recht bzw. die Pflicht zu einer Befestigung (s o., Seite 30f.). Sie bestand zunächst aus einem Wall mit Holzpalisade und einem vorgelagerten Graben. Während der geldrischen Erbfolgekriege wurde die Befestigung in der zweiten Hälfte des 14. Jh. mehrfach zerstört und jeweils wieder aufgebaut. Im Zuge einer Auseinandersetzung zwischen dem Kölner Erzbischof Friedrich III. von Saarwerden und dem Grafen Adolf I. von Kleve erhielt sie im Jahre 1389 einen zweiten Wall und einen weiteren Graben. Der innere Wall war mit einer Palisade versehen. Im selben Jahr wurde der Meerturm mit Tor und das Mitteltor (s.u., Nr. 11/12/13) errichtet.

Der 1392 geschlossene Friedensvertrag beinhaltete ein Verbot der weiteren Befestigung, an das sich beide Parteien jedoch nicht hielten. Noch im selben Jahr begann man mit dem Bau des Rheintors (Rheinstraße). Ein Jahr später wurden das Klever Tor (Klever Straße) und wahrscheinlich auch das Marstor (Marsstraße) errichtet. Bis 1396 erfolgte der Aufbau des nordwestlichen Stadtmauerabschnitts mit zwei Rundtürmen. Für das Jahr 1401 ist die Existenz des Scharntors (Orkstraße) belegt. Die Vollendung der rund 8 m hohen Stadtmauer mit ihren 18 Türmen bzw. Kleintoren ist erst um 1500 anzusetzen. Das Baumaterial bestand hauptsächlich aus gebrannten Ziegeln. Für die Dächer der Türme wurde Schiefer verwendet. Vor der Mauer gab es den Stadtgraben und eine rund 400 Fuß breite, unbebaute Zone, den „Burgfrieden".

Während des Dreißigjährigen Krieges ließen die hessischen Truppen im Jahre 1641 einen großen Teil der Befestigungsanlagen schleifen. Die Tore blieben durch die Zahlung einer einmaligen Summe von 100 Talern erhalten. Im 17./18. Jh. baute man einige der ehemals in die Stadtmauer integrierten Türme zu Gartenhäuschen (Abb. 65) oder Mühlen um. In den 20er Jahren des 19. Jh. wurden schließlich auch die Stadttore abgerissen, das Ziegel- und Steinmaterial verkauft. Übrig blieben das Klever

Abb. 65: Erhaltene Türme der Xantener Stadtbefestigung

Abb. 66: Die im Stiftszehntatlas Xanten dargestellte „Marsport"

Tor, da es eine Funktion als Gefängnis besaß, sowie der massiv gebaute Turm des Meertores. Obwohl heute nur noch Reste der Stadtmauer und der Stadtgraben als Senke innerhalb eines Grüngürtels erhalten sind, lassen sich die mittelalterlich-frühneuzeitlichen Strukturen der Stadt Xanten mit den einzelnen Wohnvierteln und dem Straßennetz noch gut nachvollziehen.

Durch das um 1393 fertiggestellte **Marstor** (Nr. 9), auch „Marschtor" genannt, gelangte man über die Heerstraße (heute Viktorstraße) von Südosten in die Stadt. Die innerstädtische Fortsetzung der

Heerstraße war die Marschstraße (heute Marsstraße). Beide sind deckungsgleich mit einem Teilbereich der römischen Limesstraße (s.o., Nr. 6), an deren Flanken in der Antike die Toten bestattet worden waren (s.o., Nr. 7). Das Marstor ähnelt in Grundriss und Erscheinungsbild dem Klever Tor (s.u., Nr. 16).

Auf Blatt 62 des Stiftszehntatlas' von 1697 (Abb. 66) zeigt sich ein einfacher Torbogen. In der Mitte der Zwingermauern steht beiderseits der Durchfahrt ein Rundturm mit spitzem Dach und Fenstern bzw. Schießscharten. Weitere Schießscharten finden sich in den Zwingermauern und im Obergeschoss des fast quadratischen Torturms. Durch einen hohen Bogen unterhalb dieses Turms führte der Weg in das Innere der Stadt. Sein mittleres Geschoss weist zwei vergitterte Fenster auf. Die Seitenansicht von Südwesten zeigt außerdem Zinnen, an den Ecken Wasserspeier und auf dem Dach zwei Wetterfahnen. Da die Toranlage Anfang des 19. Jh. völlig verfallen war, wurde sie 1821 abgerissen. Bei einer Bau-

Abb. 67: „De Meerpoort te Santen" im Jahre 1746 nach Jan de Beyer; links neben dem Tor steht der heute noch erhaltene Meerturm

Abb. 68: Der massiv gebaute Meerturm mit Verbindungsgang zum Mitteltor (links)

maßnahme im Jahre 1989 wurde ein Ziegelgewölbe freigelegt, das ehemals unterhalb des Zwingers lag und den Stadtgraben überspannte.

Das **Meertor**, auch *Porta Martyris* oder „Martpoort" genannt, war im Vergleich zu den anderen Xantener Stadttoren verhältnismäßig klein, da auch die Verbindungsgasse zur Klever Straße nur recht schmal war (Abb. 67). Es war bereits im Jahre 1389 erbaut worden und wurde an einer Seite durch einen mächtigen viereckigen Turm, den **Meerturm**, gesichert. Er steht noch heute und wurde in den 1970er Jahren umfassend restauriert (Abb. 68). Über den Stadtgraben führte ein rund 10 m langer Zwinger nach außen. Der Grundriss des Tores, das in der ersten Hälfte des 19. Jh.

Abb. 69: Mitteltor mit Bogen über dem zugeschütteten Immunitätsgraben

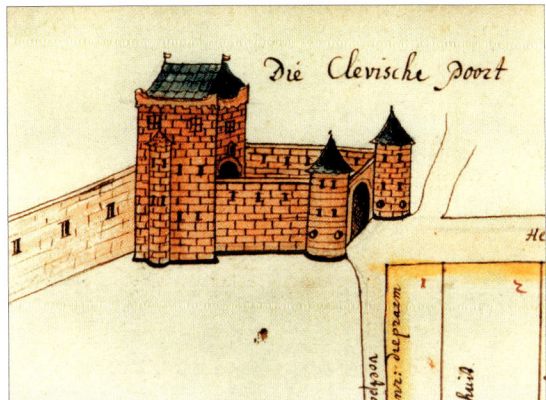

Die Clevische Poort

Abb. 70: Die im Stiftszehntatlas Xanten dargestellte „Clevische Poort"

Abb. 71: Blick aus der Stadt auf den dreigeschossigen Turm des Klever Tors

Abb. 72: Blick von außerhalb auf das Vortor des Klever Tors

noch als Bogen existierte, ist aufgrund von archäologischen Untersuchungen im modernen Straßenpflaster dargestellt. Der Name des Meertores leitet sich von „Maar" gleich Sumpf ab, da jenseits der Stadt im Südwesten ausgedehnte Bruchgebiete lagen. Im ausgehenden 17. Jh. wurde das Tor auch als „Kuhtor" bezeichnet, weil direkt außerhalb der Umwehrung eine Viehtränke lag. Die Bedeutung von Tor und Turm lag darin, dass im späten Mittelalter von hier aus ein Verbindungsgang zum Mitteltor (s.u.) und damit über den Immunitätsgraben in die Stiftsimmunität verlief.

Das **Mitteltor** (s.u., Nr. 11/12/13) ist als Verbindungsglied zwischen Bischofsburg und Meertor Ende des 14. Jh. erbaut worden und 1415 erstmals erwähnt. Ein Gang im Obergeschoss konnte als Fluchtweg

aus dem Stiftsbezirk genutzt werden (s.u., Seite 93). Der Bogen überspannte den Immunitätsgraben und diente erst nach seiner Verfüllung gegen Ende des 15. Jh. als Durchgang zwischen der heutigen Kurfürstenstraße und der Klever Straße. Das Mitteltor war im Zweiten Weltkrieg so stark zerstört worden, dass man sich 1949 entschloss, die Reste abzureißen. In den Jahren 1978/79 nach alten Vorlagen wieder aufgebaut, ist es heute Bestandteil des Regionalmuseums Xanten (Abb. 69).

Das **Klever Tor** (Nr. 16) ist das einzige heute noch in Gänze erhaltene Stadttor. Es wurde zwischen 1393 und 1400 als monumentale und repräsentative Anlage errichtet, um dem Klever Grafen, in dessen Stoßrichtung es liegt, zu imponieren und von Übergriffen (s.o., Seite 30f.) abzuhalten

(Abb. 70). Aus der Stadt die Klever Straße entlang kommend, durchschreitet man zunächst einen hohen Bogen unter einem dreigeschossigen Torturm mit vier Eck-türmchen. An seiner Außenseite sind über dem Torbogen zwei Wappen angebracht: links das der Klever Grafen bzw. Herzöge; rechts (nicht mehr gut erkennbar) wahrscheinlich das der Kölner Erzbischöfe. Seitlich des Torturms liegt das frühere Tor-schreiberhaus.

Der Zwinger besitzt eine relativ niedrige Brüstung. Man hat daher einen guten Überblick über den ehemaligen Stadtgraben. Das Vortor setzt sich aus zwei Rundtürmen zusammen, die durch einen Spitzbogen miteinander verbunden sind. Die Anlage besaß ursprünglich eine Zugbrücke, die jedoch bereits im 18. Jh. abgebaut worden ist. Da das Klever Tor seit 1770 als Gefängnis diente, wurde es mehr oder weniger gut instand gehalten. Nach einer Restaurierung Anfang des 20. Jh. war dort in den Jahren 1908 bis 1935 die Sammlung des Xantener Alter-tumsvereins, später dann die Hitlerjugend untergebracht. Im Zweiten Weltkrieg schwer beschädigt, baute man das Klever Tor bis Anfang der 1970er Jahre wieder auf.

Abb. 73: Blick aus der Stadt auf die Anfang des 19. Jh. ausgebaute Kriemhildmühle

81

Abb. 74: Die im Stiftszehntatlas Xanten dargestellte „Rhijnport"

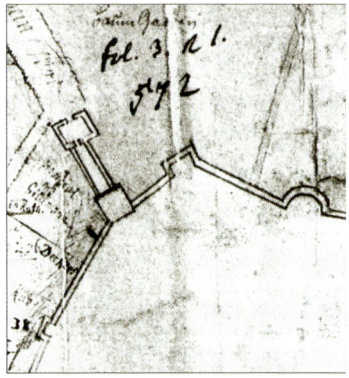

Abb. 75: Grundriss des Rheintors nach dem Klevischen Kataster von 1736

Nachdem es zeitweilig als Unterkunft für auswärtige Archäologen und Grabungshelfer diente, beherbergt es heute Ferienwohnungen (Abb. 71 u. 72).

Die **Kriemhildmühle** wurde als Ölmühle im Jahre 1804 auf einem mittelalterlichen Turmstumpf aufgebaut. Zuvor hatten die Reste des Rundturms lange Zeit als Behausung für den städtischen Nachtwächter gedient. Dann wurden die Relikte in der 2. Hälfte des 18. Jh. in private Hände verkauft und zu einem Gartenhaus umgebaut. Der Turm war ursprünglich in der Verlängerung der Brückstraße in die Stadtmauer integriert. Ein vergleichbares Exemplar mit Resten der Stadtmauer und des Wehrganges ist heute noch wenige Meter weiter am Ende der Bemmelstraße sichtbar. Der Name der Windmühle stammt aus dem 19. Jh. (Abb. 73).

Das **Rheintor** entstand im Jahre 1392 als Doppeltoranlage am Ende der heutigen Rheinstraße im Norden der Stadt. Auf Blatt 46 des Stiftszehntatlas' ist bedauerlicherweise nur das Außentor von „Die Rhijnport" dargestellt (Abb. 74). Man erkennt den Torbogen und eine Art Pultdach, das mit Ziegeln gedeckt ist. Die Zwingermauern weisen jeweils drei Schießscharten auf. Andere Darstellungen und Grundrisszeichnungen des 18. Jh. zeigen, dass es sich bei dem Haupttor um einen Torturm handelte, durch den die Straße in die Stadt hineinführte (Abb. 75). Damit weist das Rheintor große Ähnlichkeiten mit dem Klever Tor und dem Marstor auf. Anfang des 19. Jh. wurde das frühere Wachhaus als Feldhüterwohnung, das Torschreiberhaus als Armenunterkunft genutzt. Die Reste des bereits sehr stark verfallenen Tores wurden 1821 abgerissen. Bei einer Kanalverlegung im Jahre 1959 kamen neben zwei Kellern auch die Fundamente einer 2 m mächtigen Mauer zum Vorschein, die außen aus Grauwackebruchsteinen, innen aus Feldbrandziegeln errichtet war.

Das **Scharntor** lag am Ende der heutigen Orkstraße und ist als *Porta Macelli* im Jahre 1401 namentlich erwähnt. Es war wohl ursprünglich als kompakte Anlage mit jeweils zwei, die Durchfahrt flankierenden Türmen konzipiert. Auf Blatt 62 des Stiftszehntatlas' sieht man eine Ansicht von Südwesten (Abb. 76). Nach einem Torbogen folgen die Zwingermauern mit jeweils einem Rundturm, der ein spitzes Dach aufweist. Mauern und Türme zeigen Schießscharten. Obergeschoss und Dach des nun folgenden Haupt-

Abb. 76: Die im Stiftszehntatlas Xanten dargestellte „Scharnpoort"

tores scheinen abgerissen zu sein. Seitlich angesetzt ist ein massiver Rundturm, ebenfalls mit spitzem Dach und Schießscharten. Er diente 1819 nachweislich als Pulverturm. Obwohl die Bausubstanz Anfang des 19. Jh. noch relativ gut gewesen sein soll, wurde das Tor im Jahre 1825 abgerissen.

Die römische Wasserversorgung (10)
(Faltplan 2)

Bereits in vorrömischer Zeit war eines der wichtigsten Kriterien für die Standortwahl einer Siedlung die Wasserversorgung. Dies änderte sich auch später nicht. Das lokale Vorkommen bzw. die Erreichbarkeit von Wasser war zumindest in den Anfängen der römischen Okkupation eine wichtige Voraussetzung bei der Anlage der Legionslager. Trinkwasser war jedoch nicht nur wichtig für die Soldaten und die Zivilbevölkerung, sondern auch für das „liebe" Vieh. Darüber hinaus wurde Nutzwasser für die Handwerksbetriebe wie zum Beispiel Töpfereien und Ziegeleien benötigt (Abb. 77). Außerdem schätzten die Römer bekanntlich ihr leibliches Wohlbefinden und ein gewisses Maß an Körperpflege: Große Mengen Wasser mussten also auch für die zahlreichen Bäder herangeschafft werden.

Wasservorkommen boten reichlich die Flüsse, Bäche und Seen, wobei hier selbstverständlich auf Verunreinigungen geachtet werden musste. In den Flussauen sorgte

Abb. 77: Tonrohre der Wasserleitung in der römischen Legionsziegelei

Abb. 78: Römische Wasserleitung in Originallage in einer Sandgrube bei Sonsbeck

überdies ein relativ konstanter Grundwasserstand dafür, dass durch zahlreiche Brunnen immer Wasser zur Verfügung stand. Darüber hinaus gab es natürlich Regenwasser, das in Zisternen gesammelt wurde. Am kostbarsten war für die Römer jedoch reines Quellwasser, je kalkhaltiger, desto besser. Deshalb ging man im Laufe der Zeit bei der Versorgung der Städte und Handwerkerniederlassungen dazu über, das „wertvolle Nass" mittels Leitungen von weitab gelegenen Quellen heranzutransportieren. So bezog ab Ende des 1. Jh. die Stadt Köln ihr Wasser über fast 100 km hinweg aus der Eifel. Gleichermaßen wie die Wasserzufuhr musste auch die Entsorgung geregelt werden. In den Städten und größeren Siedlungen wurden die Abwässer

ähnlich wie heute in zentralen Becken, *Cloacae* genannt, gesammelt und in unterirdischen Kanälen nach draußen abgeleitet.

Dass die Römer wahre Meister im Bau von Quellfassungen, Sammelbecken, Verteilern, Schächten und Aquädukten waren, ist lange bekannt. Dass sie allerdings auch nicht gerade sparsam mit Wasser umgingen, beschreibt schon Plinius der Ältere (Nat. hist. XXXVI 123) am Beispiel der Stadt Rom: „Wenn man sich den Wasserüberfluss in der Öffentlichkeit, in Badeanlagen, Fischteichen, Kanälen, Häusern, Gärten und Landsitzen nahe der Stadt, die Wege, die das Wasser durchfließt, die konstruierten Bögen, die durchgrabenen Berge und geebneten Täler vergegenwärtigt, wird man zugeben müssen,

Abb. 79: Geborgener Wasserleitungsabschnitt; steht heute in Sonsbeck an der Mühle

dass es noch nie etwas Bewundernswerteres auf der Welt gegeben hat." Und Strabo führt in seiner Erdbeschreibung (V 235) aus: „Eine solche Menge Wasser gelangt durch die Leitungen herein [Anm. der Autorin: in die Stadt Rom], dass wahre Ströme durch die Kanäle der Stadt fließen und nahezu jedes Haus zahlreiche Vorratsbecken, Rohrleitungen und Wasserhähne aufweist."

Für den Raum Xanten sind bis heute zwei Wasserleitungen bekannt. Es handelt sich zum einen um die Trinkwasserversorgung des Legionslagers Vetera II, zum anderen um eine Leitung zur Colonia Ulpia Traiana. Für die Leitung zwischen den Quellen an den Stauchmoränen des Fürstenberges bzw. der Hees und Vetera II gibt es inzwischen 17 archäologische Nachweise. Sie überwand von der entferntesten Quelle bis zum Legionslager eine Distanz von 7,6 km und bestand aus zwei Strängen, die sich am Fuße des Fürstenberges östlich von Vetera I vereinten. Von dort aus verlief sie geradewegs in Richtung Nordosten. Bei der Wasserleitung handelte es sich um einen, teils mit Ziegeln (30. Legion) bzw. Ziegelbruch oder Natursteinbruchstücken ausgekleide-

ten, teils mit Estrich gemauerten unterirdischen Kanal, der stellenweise nur 10 cm stark unterbaut war. An einigen Stellen wurde er durch einfache Tonrohre ersetzt.

Die bislang einzige Wasserleitung in Richtung Colonia Ulpia Traiana, die an 29 Stellen archäologisch nachgewiesen wurde, kam aus den Sonsbecker Höhen und überbrückte eine Distanz von rund 9 km (Abb. 78 und 79). Sie wurde teilweise im Erdreich als Kanal, in einigen Niederungsabschnitten aber auch oberirdisch als Aquädukt gebaut. Im Stadtgebiet von Xanten verläuft sie zunächst fast deckungsgleich mit dem Holzweg, knickt dann in Richtung Norden und im weiteren Verlauf nach Nordwesten um (Abb. 80). Ihr weiterer Weg führte parallel zur Limesstraße entlang der heutigen Mars- und Klever Straße, bis sie schließlich in das Vetera-Tor der antiken Stadt mündete. Für den massiven, stellenweise knapp 1 m hohen Unterbau des bis zu 1,4 m breiten Kanals verwendete man Grauwacke-, Basalt- und Tuffsteinbruchstücke. Die Kanaltrasse war aus Naturstein- und Ziegelstücken gemauert und mit Estrich ausgekleidet.

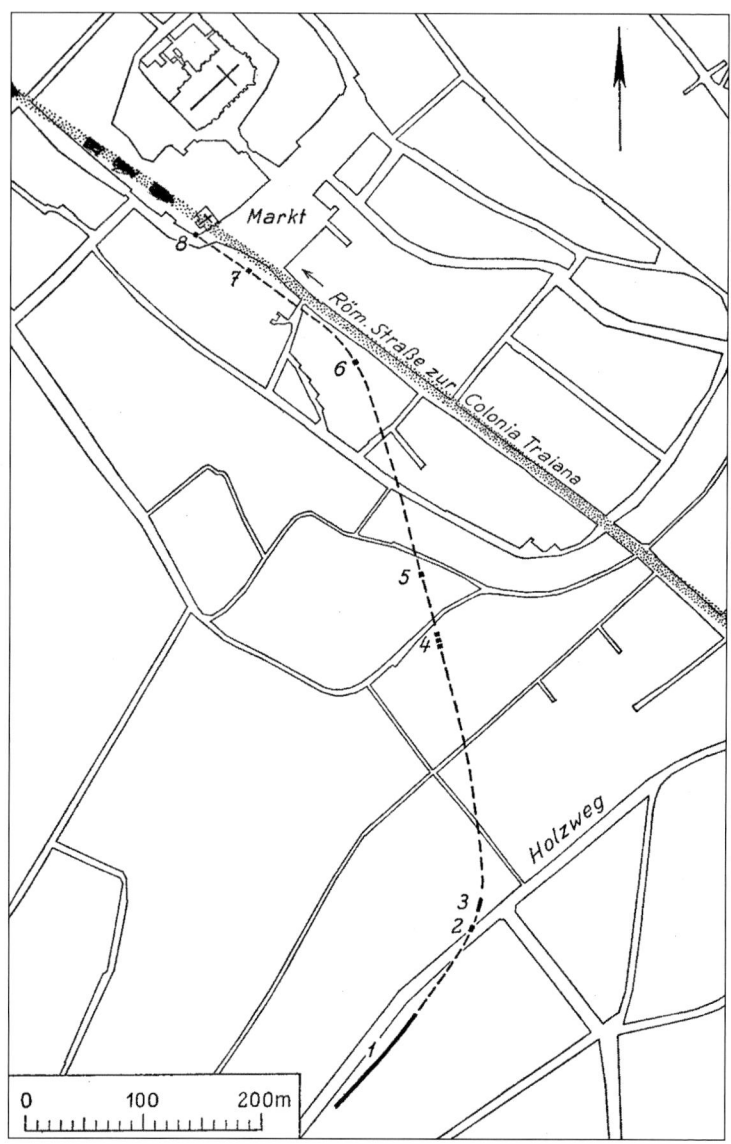

Abb. 80: Verlauf der Wasserleitung in Richtung CUT (gestrichelte Linie); die Ziffern markieren archäologisch nachgewiesene Bereiche

Archäologisch bisher nicht eindeutig geklärt ist, auf welchem Wege die großen Thermen im Westen der Colonia Ulpia Traiana mit Wasser versorgt wurden. Denkbar wäre durchaus eine weitere, ebenfalls aus den Quellen der Sonsbecker Höhen gespeiste Zuleitung, die im Bereich der heutigen Trajanstraße die Thermen erreicht hätte. Hierzu fehlt jedoch bis heute noch jeder Nachweis.

Der Dom und die Stiftsimmunität
(11/12/13) (Fallpläne 4–6)

Im Bereich des Domes und der Stiftsimmunität kamen sowohl urgeschichtliche (s.o., Seite 17) als auch römische (s.o., Seite 29) Siedlungs- und Gräberfunde ans Tageslicht: Unterhalb des heutigen Hochchors wurden jungsteinzeitliche Scherben aus dem 6. vorchristlichen Jahrtausend ausgegraben; ganz in der Nähe lagen früheisenzeitliche Brandbestattungen, die in den Zeitraum zwischen 800 und 600 v. Chr. datiert werden. Im Westen der Immunität verlief eine römische Straße (s.o., Nr. 6/15), an der sich seit Ende 1. bzw. Anfang 2. Jh. eine Handwerkersiedlung (s.u., Nr. 14) etabliert hatte. Seit der 2. Hälfte des 3. Jh. bis etwa 430 gab es innerhalb der Immunität und unterhalb des heutigen Domes ein römisches Körpergräberfeld. Einzelne Bestattungen waren mit *Cellae memoriae* (Gedächtniskapellen) überbaut.

Dass in der Spätantike bereits vereinzelt Christen im Raum Xanten lebten, ist durch zwei Steindenkmäler aus dem beginnenden 5. Jh. mit Chi-Rho-Christogrammen belegt. Die Existenz einer manifestierten Kirchengemeinde ist für diesen frühen Zeitraum jedoch nicht wirklich nachgewiesen. Bis zum Beginn der fränkischen Besiedlung in der zweiten Hälfte des 5. Jh., also über einen Zeitraum von einigen Jahrzehnten hinweg, scheint der Platz aufgelassen gewesen zu sein. Denn erst um 480 beginnt man, über dem spätrömischen Gräberfeld unter dem heutigen Dom einen fränkischen Friedhof anzulegen, der bis etwa 720 bestand.

Namenspatron des Xantener Domes ist der hl. Viktor, der der Legende nach der Thebäischen Legion angehörte, deren Angehörige unter Kaiser Maximinianus (Regierungszeit: 286–305) den Märtyrertod erlitten. Die Soldaten hatten sich geweigert, an einer Götzenverehrung teilzunehmen, die der Kaiser zuvor befohlen hatte. Viele von ihnen, darunter auch ihr Anführer Mauritius, wurden in Agaunum (heute St. Maurice, Wallis/Schweiz) ermordet. Einzelne Truppenteile waren jedoch schon rheinabwärts gezogen. So ereilte das Schicksal mehr oder weniger große Gruppen der Thebäer in Solothurn, Trier, Bonn, Köln und Xanten. Man tötete Viktor, seinen Kameraden Mallosus und rund 360 weitere Soldaten im Amphitheater von Birten und versenkte ihre Leichen anschließend in einem Sumpf. Die Gebeine von Viktor und Mallosus wurden jedoch später geborgen, voller Andacht begraben und fortan als christliche Märtyrer verehrt.

Die älteste historische Quelle, die sich tatsächlich mit den Xantener Märtyrern befasst, ist das um 590 von Gregor von Tours verfasste „Liber in gloria martyrum". Erwähnung findet hauptsächlich Mallosus, für den der Kölner Erzbischof Ebergisil II., ein Zeitgenosse Gregors, bei der Ortschaft Bertuna (*„… apud Bertunensim oppidum …"*), wo der Heilige getötet worden sein soll, eine Kirche (Basilika) baut. Viktor kommt nur ganz am Rande vor. Bertuna wurde lange Zeit mit Vetera II bzw. mit der heute südlich von Xanten liegenden Ortschaft Birten gleichgesetzt. Erst seit einigen Jahrzehnten glaubt man, bedingt durch neuere archäologische Funde, eine fränkische Siedlung im Xantener Stadtgebiet selbst lokalisieren zu können. In ihrer Nähe soll die Mallosus-Basilika erbaut worden sein.

Gregor schreibt weiterhin: „Aber es war jenen Leuten [Anm. der Autorin: den Bewohnern von Bertuna] nicht bekannt, wo seine [Mallosus'] Gebeine ruhten. Allerdings gab es dort [in Bertuna] ein Oratorium [einen Andachts-Raum], in dem sein [Mallosus'] Name angerufen wurde." Zum Bau der Kirche heißt es: „Schließlich wölbte er [Anm. der Autorin: Ebergisil] an der Seite der Basilika, nämlich an der Wand, an deren Seite das Oratorium lag, einen Bogen [einen gewölbten Durchgang] und gestaltete das Oratorium zu einer Apsis." Nachdem sich einem Priester aus Metz in einem

Traum die Lage der Mallosus-Gruft in eben jener Apsis gezeigt hatte, wurden die Gebeine in die Basilika überführt. Gregor beendet das Kapitel: „Es wird erzählt, dort sei auch der Märtyrer Viktor begraben, doch wir haben bisher keine Kenntnis darüber, dass er offenbart worden ist."

Den Ausgrabungsergebnissen nach existieren unterhalb des heutigen Domes mehrere Bestattungen mit zugehörigen *Cellae memoriae* (Bau IA, IIA, IIK, IIIA), die bisher als Märtyrergrab von Mallosus nach Gregor von Tours interpretiert wurden (Faltplan 4 enthält alle unten beschriebenen Grundrisse). Westlich des Hochchors wurde in den 1960er Jahren ein Steinsarkophag mit einem gewaltsam zu Tode gekommenen (geköpften) Mann freigelegt. Darüber war ein rechteckiger Grabbau aus Stein (Bau IIK) errichtet worden. Der seiner Kleidung nach offensichtlich wohlhabende Mann war laut der jüngsten Aufarbeitung der Grabungsergebnisse (Ende der 1990er Jahre) noch in römischer Zeit, in der 2. Hälfte des 4. Jh. bestattet worden. Die Grabkapelle stammt einem Münzfund nach aus der Zeit nach 392. Sie wurde in der Folgezeit einige Male umgebaut. Da der Basilika-Bau und die Bestattung von Mallosus durch Gregor von Tours um 590 anzusetzen ist, ergibt sich hier eine Differenz von rund 200 Jahren. Schriftquelle und archäologische Datierung passen also nicht zusammen.

Eine bereits in den 1930er Jahren ausgegrabene Doppelbestattung zweier ebenfalls gewaltsam getöteter Männer lag unter einem kleinen lang-rechteckigen Fachwerkbau mit farbigem Wandverputz (Bau IA). Im Innern fand sich ein Steintisch (römischer Opfertisch?). Die Doppelbestattung datiert durch einen Münzfund in die Zeit nach 348. Die Grabkapelle wurde in der 2. Hälfte des 4. Jh. gebaut (Abb. 81). Sie brannte ab und wurde in der Folgezeit, im späten 4. oder frühen 5. Jh. mit kleinerem Grundriss (Bau IIA) erneuert (Abb. 82). Der Steintisch blieb weiterhin in Gebrauch. Das Gebäude hatte Bestand bis in die 2. Hälfte des 5. Jh. Auch hier ergibt sich eine große zeitliche Diskrepanz zwischen dem archäologischem Befund und der historischen Schriftquelle des Gregor von Tours.

Die archäologischen Untersuchungen ergaben weiterhin, dass über den beiden beschriebenen *Cellae* (IA und IIA) unter Einbeziehung des Steintisches ein größerer rechteckiger Steinbau (Bau IIIA) errichtet wurde (Abb. 83). Er erhielt etwas später in der Südostecke eine massiv gemauerte Gruft, die heute in der Krypta des Domes zu besichtigen ist. Gleichzeitig fügte man im Westen einen zweiten Raum (Bau III2) an (Abb. 84). Bau IIIA wurde in den 1980er Jahren in das Ende des 6. Jh. datiert und mit der bei Gregor erwähnten Basilika gleichgesetzt. Eine üblicherweise im Osten

Abb. 81: Rekonstruktion der Cella IA

Abb. 82: Rekonstruktion der Cella IIA

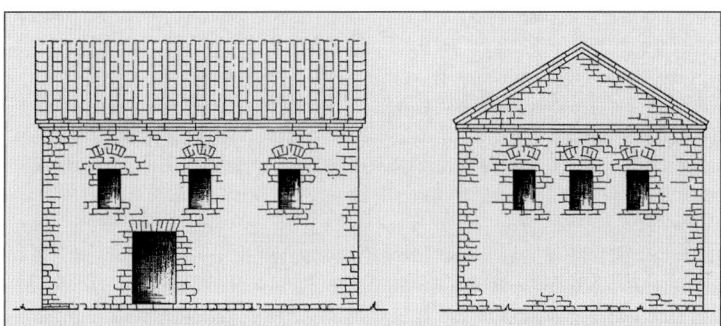

Abb. 83: Rekonstruktion der Cella IIIA

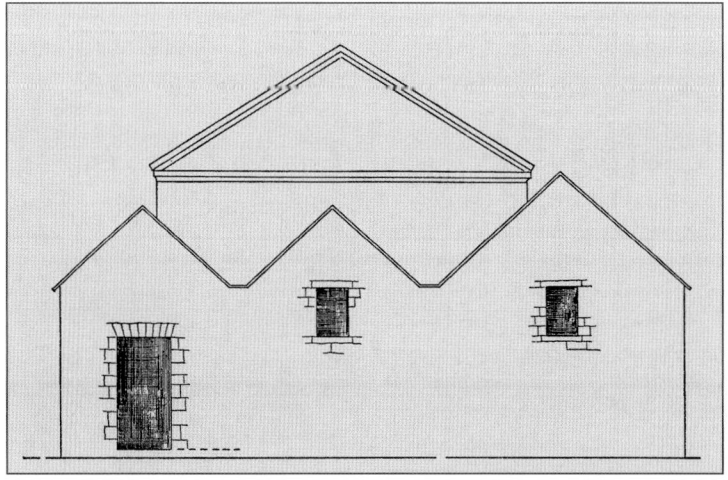

Abb. 84: Rekonstruktion von Cella (hinten) und Basilika (vorne) IIIA/III2

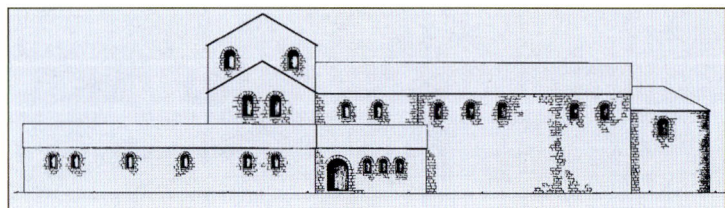

Abb. 85: Rekonstruktion der ersten karolingischen Stiftskirche mit Klosteranbau

angefügte Apsis bzw. das ehemalige Mallosus-Oratorium fehlt hierzu jedoch.

Die bereits erwähnte, jüngste wissenschaftliche Bearbeitung datiert die Entstehung der *Cella* IIIA dagegen in den Zeitraum zwischen dem späten 5. Jh. und Mitte des 6. Jh. und sieht hier das von Bischof Ebergisil angetroffene Oratorium des Mallosus, das der neu errichteten Basilika sozusagen durch einen Mauerdurchbruch (Ebergisil „... wölbte ... einen Bogen ...") als Apsis angefügt wurde. Der im Westen später, etwa um 600 angebaute Gebäudeteil III2 wird als die eigentliche Basilika interpretiert. Unstimmig ist dabei allerdings die Lage der etwa zeitgleich erbauten Gruft in Bau IIIA: Die Wiederbestattung des Mallosus durch Ebergisil soll sich ja nach Gregor von Tours nicht in der Apsis, sondern in der Basilika, also im Westbau befinden. Dort wurde sie jedoch archäologisch nie nachgewiesen. Der Diakon von Metz (s.o., Seite 87) sagt nämlich zu Bischof Ebergisil: „Hier grabe und Du wirst den Leib des Heiligen finden, nämlich in der Mitte der Apsis." Nach der Auffindung der Gebeine und einigen Lobpreisungen Gottes „... überführte er [Anm. der Autorin: Ebergisil] den Leib des Heiligen in die Basilika und setzte ihn dort mit geziemender Ehre bei."

Kurz nach Mitte des 8. Jh. kommt es zur Gründung des Viktor-Stiftes (interessanterweise nicht des Mallosus-Stiftes!) und zum Bau der ersten karolingischen Kirche. Offensichtlich waren zuvor Gebeine, die Viktor zugesprochen wurden, in der Basilika bestattet worden. Mallosus jedenfalls gerät in

Xanten ziemlich schnell in Vergessenheit: In den Schriftquellen nach Mitte des 9. Jh. wird er schon nicht mehr erwähnt. Dafür ist festgehalten, dass die Gebeine des hl. Viktor während eines Normannenüberfalls im Jahre 863 gerettet und in Sicherheit nach Köln gebracht werden. Sie kehren erst im Jahre 1128 nach Xanten zurück. Mallosus findet sich dagegen im 12. Jh. in den Reihen der Bonner Märtyrer wieder.

Der heutige gotische **Dom** hatte noch mehrere Vorgängerbauten. Die erste karolingische Stiftskirche, die in ihrer Ausrichtung mit der oben beschriebenen Apsis identisch ist, datiert an den Anfang der 2. Hälfte des 8. Jh. (Faltplan 5 u. Abb. 85). Sie hatte im Nordosten einen rechteckigen Chorraum und wurde um 800 rundum vergrößert. Ein weiterer Ausbau ist in der ersten Hälfte bzw. kurz vor Mitte des 9. Jh. zu verzeichnen. Nach der Zerstörung des Domes durch die Normannen im Jahre 863 erfolgte die Wiedererrichtung. Kaiser Otto I. und sein Bruder, der Kölner Erzbischof Brun (Bruno) I., unterstützten schließlich im 10. Jh. den Ausbau zu einer mehrschiffigen

Abb. 86: Das spätromanische Westwerk noch ohne die beiden Turmaufbauten

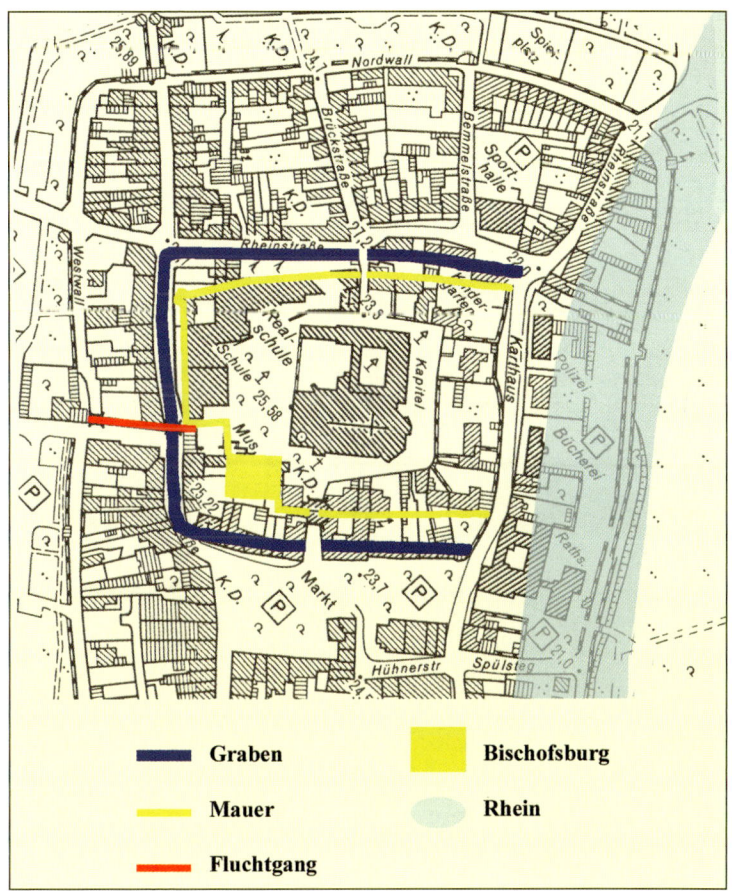

Abb. 87: Die Immunität im Mittelalter mit Umwehrung, Bischofsburg und Rheinverlauf

Pfeilerbasilika, die jeweils nach zwei Bränden in den Jahren 1081 und 1109 wieder hergerichtet wurde. Zwischen 1180 und 1213 erfolgte der Bau des noch bestehenden, spätromanischen Westwerks (Abb. 86). Im Jahre 1263 wurde schließlich der Grundstein für den heutigen gotischen Dom gelegt. Im 16. Jh. vollendet, erfuhr der monumentale Kirchenbau im Zweiten Weltkrieg eine nahezu vollständige Zerstörung. Sein Wiederaufbau war erst 1966 abgeschlossen.

Zu Beginn des 9. Jh. wurden an der Nordseite des Domes Schlafsäle, Wirtschafts- und Speiseräume für die Kanoniker angebaut.

Seit dem 10. Jh. war der **Immunitätsbezirk** im Norden, Westen und Süden von einem Graben und einer Palisade umgeben, während im Osten ein Altrheinarm lag (Abb. 87). Ihre Stellung nach außen hin weit sichtbar durch eine derartige Befestigung dokumentierend, lag die rechtliche Bedeutung der Immunität hauptsächlich in der Befreiung von der Abgabenpflicht sowie der Unabhängigkeit von der weltlichen Gerichtsbarkeit. Im 14. Jh. verbreiterte man den Graben und baute eine Mauer, die urkundlich 1322 erstmals erwähnt wird. Mauerreste finden sich auch heute noch in einigen Häusern inner-

Abb. 88: Michaelskapelle mit Durchgang zur Immunität

halb der Immunität verbaut. Der Haupteingang lag im Südosten. Auf dem Torgebäude aus dem 11. Jh. errichtete man zwischen 1472 und 1478 die **Michaelskapelle**. Im Zweiten Weltkrieg zerstört, wurden Tor und Kapelle in den 1960er Jahren nach altem Vorbild wieder aufgebaut (Abb. 88). Im Norden gab es eine Zugbrücke, an die heute noch die „Brückstraße" erinnert. Der Immunitätsgraben wurde schließlich im 15. Jh. verfüllt.

Im 11. und 12. Jh. werden die an der Nordseite des Domes befindlichen **Stiftsgebäude** mit ihren Wohn- und Wirtschaftsräumen zweigeschossig ausgebaut und die Kellnerei mit den Vorratsräumen eingerichtet (Faltplan 6). Im Osten befindet sich die

1176 erstmals erwähnte Stiftsschule. Im Westen sind die Stiftsküche, Speise- und Wirtschaftsräume sowie die Bibliothek angesiedelt. Für 1255 findet sich die Erwähnung der alten Probstei. Die neue Probstei („Kapitel 25") datiert in das Jahr 1398. 1358 beginnt man mit dem Bau des Kapitelsaals im Osten des Domes. In den Jahren 1543 bis 1547 entsteht der Kreuzgang. Bereits im 11. Jh. hatte man im Osten der Immunität die ersten Steinhäuser der Kanoniker errichtet. Als sich das Gemeinschaftsleben des Stiftes in der zweiten Hälfte des 13. Jh. auflöst, entstehen im Verlauf des 14. Jh. weitere Kurien rund um den Dom. Sie werden in den folgenden Jahrhunderten mehrfach um- und ausgebaut. Das Viktor

Abb. 89: Eckturm der Bischofsburg, erbaut mit römischem Steinmaterial aus der CUT

stift hat Bestand bis zur Säkularisation im Jahre 1802.

Bereits in der zweiten Hälfte des 10. Jh. war im Westen der Immunität der befestigte Wohnsitz des Bischofs entstanden (Faltplan 6). Die **Bischofsburg** findet 1096 Erwähnung, als der Kölner Erzbischof einer Schar Kölner Juden hier vor den Kreuzfahrern erfolglos Schutz gewährt. Die Juden entziehen sich einem Massaker durch Selbstmord. Im 11. Jh. wird nordwestlich der Burg ein 38 m langer und knapp 10 m breiter, später zweistöckiger Saalbau errichtet. Weitere, nördlich gelegene Gebäude bestanden aus einer Kapelle und einem zweistöckigen Doppelhaus mit Eckturm, das sich bis in die heutige Zeit erhalten hat (Klever Str. 9) (Abb. 89). Eine Fehde zwischen dem Kölner Erzbischof Friedrich III. von Saarwerden und Graf Adolf I von Kleve im Jahre 1389 hatte unter anderem einen massiven Ausbau der Bischofsburg zur Folge: Es entstand eine rund 25 m hohe, rechteckige Turmburg (Abb. 90) mit über zwei Meter starken Mauerfundamenten, die von einer Mauer und einem tiefen Graben umgeben war.

Abb. 90: Blick auf Xanten; Ausschnitt aus einem Gemälde von Bartholomäus Bruyn d. Ä. auf einem Altarflügel im Xantener Dom

Ein Wehrgang über den Immunitätsgraben (heute noch erhaltenes Mitteltor) verband die Burg im 15. Jh. mit der Stadtmauer im Westen. Reste der Burgmauer finden sich heute noch am Regionalmuseum. Rechts neben dem seitlichen Treppenaufgang steht ein Abguss des aus Vetera I stammenden Caelius-Steins (s.o., Seite 44f.).

Abb. 91: Rekonstruktion einer Zivilsiedlung aus dem 1. Jh. n. Chr.

Die römische Handwerkersiedlung (14)

Neben den *Coloniae* (s.o., Seite 22ff.) gab es im römischen Machtbereich Niedergermaniens Handels- und Handwerkersiedlungen. Sie lagen zumeist an einer größeren Landstraße. Die lateinische Bezeichnung für einen solchen Ort lautet dementsprechend *Vicus*, in der Übersetzung „Straßenzeile". Die Standortwahl hatte vor allem wirtschaftliche Gründe, da die Produkte nicht nur an die ortsansässigen Soldaten und die Zivilbevölkerung, sondern auch relativ unproblematisch und schnell an Durchreisende verkauft werden konnten. Im Unterschied zu den *Coloniae,* die denselben Status wie Rom selbst hatten, nämlich volles Stadtrecht und dementsprechend römisches Bürgerrecht für die Einwohner, stand der *Vicus* einer breiten Öffentlichkeit zur Ansiedlung offen.

Im Xantener Raum existierte zeitgleich neben der Colonia Ulpia Traiana seit Ende des 1. oder Anfang des 2. Jh. n. Chr. im Bereich westlich des späteren Domes eben-

falls eine römische Handwerkersiedlung (Abb. 92). Sie bestand aus mehreren langrechteckigen Fachwerkbauten sowie Häusern mit Schwellbalken und Lehmziegelmauerwerk, die entlang der in Richtung Norden verlaufenden Limesstraße (s.o., Nr. 6/15) errichtet waren (Abb. 91). Hinter den Häusern befanden sich Werkstätten. Ein zugehöriges Gräberfeld wurde in unmittelbarer Nähe ausgegraben. Um die Mitte des 3. nachchristlichen Jahrhunderts oder etwas später wurde der *Vicus* möglicherweise im Zuge der ersten Frankeneinfälle durch Brand zerstört. Die Errichtung neuer Häuser erfolgte in der zweiten Hälfte des 3. Jh. Für ein Weiterbestehen der Siedlung nach dem Ende des 4. Jh. gibt es keinerlei Hinweise.

Archäologisch nachgewiesen wurden einige Schmiedewerkstätten und vor allem zahlreiche Töpferöfen (Abb. 93). Man produzierte auf der Drehscheibe Gebrauchskeramik wie Krüge, Töpfe, Schüsseln, Schalen, Teller, Reibschalen, usw. Rohstoffvorkommen gab es ausreichend in der Rheinaue, wo der Strom über die Jahrtausende sandi-

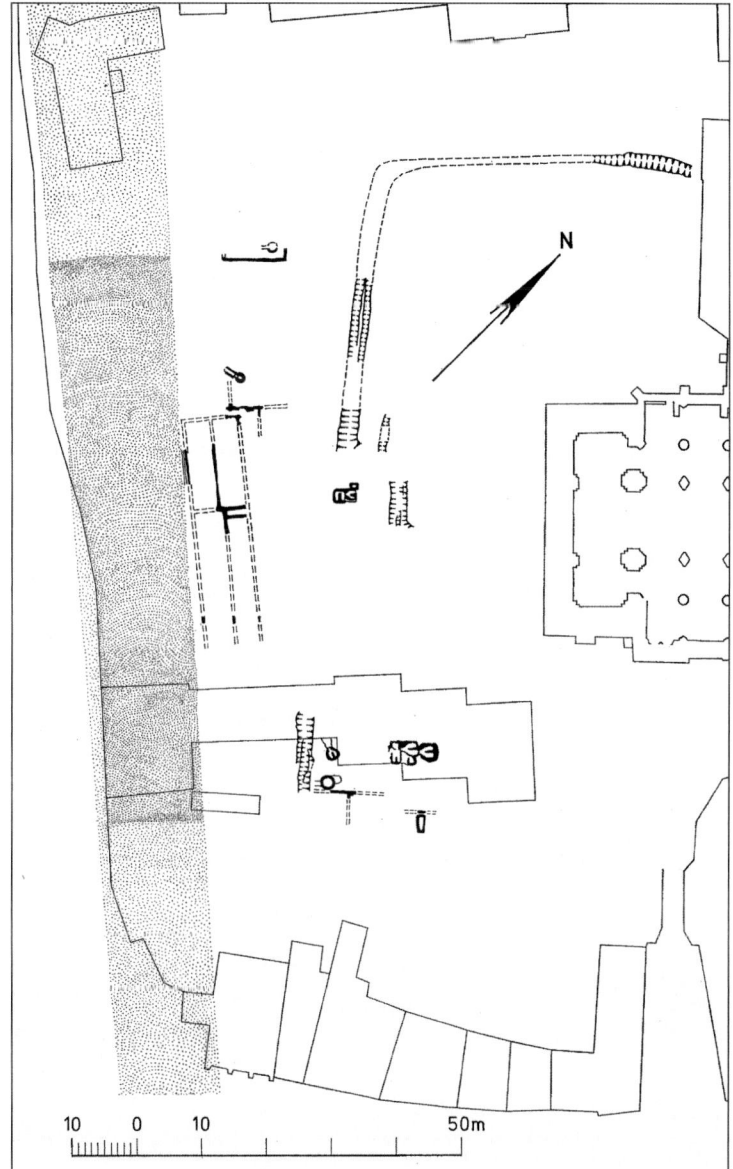

Abb. 92: Plan des römischen Handwerkerviertels im Südwesten der Immunität

gen Lehm abgelagert hatte. Dazu fanden sich stark eisenhaltige Tone als Einschlüsse auf den Saale-eiszeitlichen Endmoränen in der Xantener Umgebung. Die Töpferöfen bestanden aus einem eingetieften Feue-rungsraum, in dem Holz verbrannt wurde. Von hier aus gelangte die rund 900–1.200 °C heiße Luft durch einen gelochten Zwischenboden (Tenne) in den höher lie-genden Brennraum, in den man die zuvor

Abb. 93: Römische Töpferöfen in der Baugrube des Regionalmuseums Xanten

an der Luft getrockneten Keramikerzeugnisse gestellt hatte. Der Abzug befand sich oben in der Ofenkuppel (Abb. 94).

Durch die Auffindung von Eisenschlacke konnten darüber hinaus die Reste von Schmelzöfen identifiziert werden. Oberflächennahes Raseneisenerz wurde bereits in der vorrömischen Eisenzeit für die Herstellung von Werkzeugen, Geräten und Waffen gewonnen. In der Römerzeit gab es gewerblichen Eisenerzbergbau vor allem in der Eifel. Neuerdings ist er auch für das Bergische Land nachgewiesen. Man darf davon ausgehen, dass das Erz in der Nähe seines jeweiligen Vorkommens geschmolzen wurde. Man stellte Barren oder Luppen her, die dann in die weit verstreuten niedergermanischen Handwerkersiedlungen zur Weiterverarbeitung gelangten. Neben Waffen und Gebrauchsgütern wurden auch Beschläge, Schlösser, Wagenteile, Hufeisen, usw. produziert (s.o., Abb. 26).

Das römische Straßennetz (15)
Siehe Seite 66ff., Nr. 6.

Die mittelalterlich-frühneuzeitliche Stadtbefestigung (16 und 17)
Siehe Seite 75ff., Nr. 9.

Die römischen Gräberfelder unter der Stadt (18 und 19)
Siehe Seite 69ff., Nr. 7.

Abb. 94: Rekonstruktion eines Töpferofens

Zeittafel

240000	vorletzte (Saale-)Eiszeit; Vordringen des Inlandeises bis in unsere Breitengrade
110000	letzte (Weichsel-)Eiszeit; das Eis gelangt nicht mehr bis an den Unteren Niederrhein
nach 100000	frühester nachgewiesener Mensch der Altsteinzeit im Rheinland: der Neandertaler; nomadische Jäger und Sammler
35000	Einwanderung des Homo sapiens sapiens
10000	Ende der letzten Eiszeit; allmähliche Klimaerwärmung
8000	Beginn der Mittelsteinzeit; halbnomadische Jäger, Fischer und Sammler
5500	Beginn der Jungsteinzeit; Einwanderung von Ackerbauern und Viehzüchtern
1800	Beginn der Bronzezeit; berufliche Spezialisierung in Erzschürfer, Gießer und Händler
750	Beginn der Eisenzeit; berufliche Spezialisierung in Minenarbeiter, Schmied und Händler
58–51	Eroberung Galliens durch Julius Caesar; erste Vorstöße an den Rhein
16	Verlegung römischer Truppen an den Niederrhein
13	Drusus, Stiefsohn des Kaisers Augustus wird Oberbefehlshaber der Truppen und leitet die Germanienoffensive ein
12 v. Chr.	Erbauung des Legionslagers Vetera I bei Xanten

- - — — —— Christi Geburt —— — — - -

9 n. Chr.	Schlacht im Teutoburger Wald; verheerende Niederlage der römischen Truppen
50	Gründung der Stadt Colonia Claudia Ara Agrippinensium (Köln)
70	Zerstörung des Lagers Vetera I im Zuge des Bataveraufstandes; Erbauung des Lagers Vetera II an anderer Stelle
1. Jh.	Vorgängersiedlung der Colonia Ulpia Traiana (Xanten)
1./2. Jh.	Entstehung einer kleinen römischen Handwerkersiedlung im Westen der späteren Stiftsimmunität
100	Gründung der Stadt Colonia Ulpia Traiana durch Kaiser Trajan
257	erste Rheinquerung der rechtsrheinisch angesiedelten Franken
276	Zerstörung von Vetera II und Colonia Ulpia Traiana durch die Franken
Anfang 4. Jh.	Wiederaufbau im Kernbereich der ehemaligen römischen Stadt mit verkleinertem Grundriss; neuer Name: Tricensimae
nach 250 – ca. 430	Anlage eines römischen Körpergräberfeldes mit vereinzelten Totenkapellen (*Cellae memoriae*) unterhalb des heutigen Domes
352	Eroberung der Tricensimae durch die Franken
359	Wiederaufbau der Tricensimae
1. Hälfte 5. Jh.	Aufgabe der Tricensimae; anschließend Verödung
456	Einnahme der Provinzhauptstadt Köln durch die Franken; Ende der römischen Herrschaft am Niederrhein

um 480	Anlage eines fränkischen Friedhofes unterhalb des heutigen Domes
590	Bau einer Steinkapelle (Basilika) für den Märtyrer Mallosus durch den Kölner Erzbischof Ebergisil in Xanten
7./8. Jh.	Überführung der Gebeine des Märtyrers Viktor in die Basilika
ab Mitte 8. Jh.	Bau der 1. karolingischen Stiftskirche
8./9. Jh.	Erweiterung und Ausbau der Stiftskirche
9. Jh.	Ansiedlung fränkischer Kaufleute im Westen der Immunität
843	Bezeichnung des Stiftes als „Sanctos super Rhenum"
863	Zerstörung von Stift und Siedlung „Ad Sanctos" durch die Normannen
939	Bau einer mehrschiffigen Pfeilerbasilika als Stiftskirche
10. Jh.	Befestigung des Stiftsbezirks mit Wall und Graben
Mitte 10. Jh.	erste Erwähnung von „Xantum"
10./11. Jh.	Ausbau der Bischofsburg im Südwesten der Stiftsimmunität
1081 u. 1109	Zerstörung der Stiftskirche durch Brand
12. Jh.	Bezeichnung von Xanten als *Villa* (ländliche Siedlung, Dorf), *Oppidum* (kleine Landstadt) und *Municipium* (Landstadt, Kleinstadt)
15.7.1228	Verleihung der Stadtrechte durch den Kölner Erzbischof Heinrich I. von Molenark; in der Folgezeit: Befestigung der Stadt mit einem Wall, einer Palisade und einem Graben
1263	Grundsteinlegung für den heutigen gotischen Dom (Vollendung im 16. Jh.)
1322–1331	Verpfändung der Stadt durch den Kölner Erzbischof an die Grafen von Kleve
1389	„Linner Fehde" zwischen dem Erzbischof von Köln und dem Grafen von Kleve; Erweiterung der Stadtbefestigung um einen weiteren Wall und Graben
1392	Friedensschluss; die Stadt steht danach unter gemeinsamer Herrschaft des Kölner Erzbischofs und des Grafen von Kleve
1392 – ca. 1500	Bau einer Stadtmauer aus Backsteinen mit Türmen, vier Doppeltor-Anlagen und einigen Nebentoren
1415	Verpfändung des erzbischöflichen Stadtteils an die Grafen von Kleve
1417	Grafschaft Kleve wird zum Herzogtum
1444 1449	„Soester Fehde" zwischen dem Erzbischof von Köln und dem Herzog von Kleve; der Papst unterstellt die Stadt ganz dem Herzogtum Kleve
1614	nach Erlöschen der herzoglichen Linie von Kleve fällt die Stadt an die Markgrafen und Kurfürsten von Brandenburg
1641	Schleifung der Stadtmauern durch die Hessen im Dreißigjährigen Krieg
1672	Eroberung Xantens durch die Franzosen
1701–1714	Zerstörung der Stadt im Spanischen Erbfolgekrieg
1794–1814	Xanten unter französischer Herrschaft
1802	Säkularisation; Auflösung des Stiftes
nach 1820	endgültige Demontierung der Reste der Stadtbefestigung; das Klever Tor und der Meerturm bleiben bestehen
1945	nahezu totale Zerstörung (ca. 85 %) von Stadt, Stiftsbezirk und Dom im Zweiten Weltkrieg
nach 1945	Wiederaufbau unter Berücksichtigung der historischen Strukturen

Register der im Text erwähnten, bedeutenden historischen Personen

Adolf I. von Kleve * um 1335 † 1394; jüngerer Sohn des Grafen Adolf II. von Mark-Altena mit Margarete von Kleve; zunächst für eine kirchliche Laufbahn bestimmt; 1357–1363 Bischof von Münster; 1363–1364 Erzbischof von Köln (ohne Weihen); 1364–1394 Graf von Kleve, nachdem Graf Johann I. ohne erbberechtigte Erben verstarb; während seiner Regierungszeit massive Auseinandersetzungen mit dem Kölner Erzbischof Friedrich III. von Saarwerden.
>   S. 31, 75, 93

Agrippa (Marcus Vipsanius) * ca. 62 † 12 v. Chr.; römischer Feldherr; im Jahre 31 Sieger von Actium über Marcus Antonius und Cleopatra; 26 v. Chr. Errichtung des Pantheons; rechte Hand und Jugendfreund sowie Schwiegersohn des Augustus; nach seinen Angaben wurde die berühmte Weltkarte, die Tabula Peutingeriana angefertigt.
>   S. 67

Agrippina die Ältere (Vipsania maior) * um 14 v. Chr. † 33 n. Chr. (Selbstmord); Tochter des Agrippa (s.o.); Ehefrau des Oberkommandanten der Rheintruppen Germanicus (s.u.); Mutter des späteren Kaisers Caligula (s.u.); 14–16 n. Chr. Teilnahme an den Feldzügen ihres Gatten in Germanien.
>   S. 47

Arnold I. von Randerath * um 1100 † 1151; 1137–1147 Erzbischof von Köln; im Jahre 1147 Suspendierung durch den Papst wegen Unfähigkeit im Amt; 1150 erbittet Arnold in Rom erfolglos eine Aufhebung der Suspension.
>   S. 62

Augustus (Gaius Iulius Caesar Octavianus) * 63 v. Chr. † 14 n. Chr.; Erbe und Adoptivsohn Iulius Caesars; 43 v. Chr. zweites Triumvirat (zus. mit Marcus Antonius und Lepidus); seit 27 v. Chr. erster römischer Kaiser; Stiefvater von Drusus und Tiberius, den Söhnen seiner zweiten Ehefrau Livia; Begründer des römischen Imperiums; förderte in besonderem Maße Kunst und Literatur.
>   S. 19, 43, 47, 100

Brun I. (Bruno) * 925 † 965; jüngster Sohn Kaiser Heinrich I. mit seiner Frau Mathilde; von Geburt an für die kirchliche Laufbahn vorgesehen; um 940 durch seinen Bruder Otto I. zum Reichskanzler bestimmt; 950 Priesterweihe; 953–965 Erzbischof von Köln; 953 Ernennung zum Herzog von Lothringen; galt als einer der gebildetsten Männer seiner Zeit.
>   S. 90

Caesar (Gaius Iulius) * 100 † 44 v. Chr.; römischer Staatsmann und Feldherr; Adoptivvater des Augustus; 60 v. Chr. Gründung (zus. mit Pompeius und Crassus) des 1. Triumvirates; 59 v. Chr. Consul; in den Jahren 58–51 Eroberung Galliens und erster Vorstoß an den Rhein; Statthalter Galliens und Illyriens; „Vater" des julianischen Kalenders und „Pate" für unseren Monatsnamen Juli; Verfasser der Berichte über den Gallischen Krieg (Commentarii de Bello Gallico); Ermordung im Senat durch seinen Adoptivsohn Brutus.
>   S. 19, 68, 100

Caligula (Gaius Iulius Caesar Germanicus) * 12 † 41 n. Chr.; jüngster Sohn von Germanicus (s.u.) und Agrippina der Älteren (s.o.); 37–41 römischer Kaiser; Gewaltherrscher, aber im Volk beliebt durch aufwendige Spiele; während einer Verschwörung der Prätorianer ermordet.

S. 47

Claudius (Tiberius Claudius Nero Germanicus) * 10 v. Chr. † 54 n. Chr.; Sohn des Drusus (s.u.) und Neffe des Tiberius (s.u.); 41–54 n. Chr. römischer Kaiser; von Kindheit an körperlich behindert, betätigte er sich literarisch und verfasste unter anderem einige Geschichtswerke; Augenzeuge der Ermordung Caligulas (s.o.); 43 n. Chr. Eroberung Südbritanniens; 50 Adoption von Nero (s.u.).

S. 67

Dietrich V. von Kleve * um 1185 † 1260; Sohn des Grafen Dietrich IV. mit Margarete von Holland; 1193–1260 Graf von Kleve; Ausbau der Territorialherrschaft und Gründer diverser Städte (z. B. Wesel und Kalkar); 1214 Bestätigung aller Lehen durch Kaiser Friedrich II.; während seiner Regierungszeit diverse Auseinandersetzungen mit den Kölner Erzbischöfen.

S. 30

Drusus (Nero Claudius) * 38 † 9 v. Chr.; Stiefsohn des Kaisers Augustus und Bruder des Tiberius (s.u.); Vater des Germanicus (s.u.) und des späteren Kaisers Claudius (s.o.); seit 13 v. Chr. Oberkommando der römischen Truppen in der Germanienoffensive; Vordringen bis zur Elbe; Auf- und Ausbau von niedergermanischen Limesbefestigungen, unter anderem Vetera I bei Xanten.

S. 19, 43, 47, 100

Ebergisil II. (Evergisilus) * unbekannt † ca. 600; ca. 580 bis ca. 600 Erzbischof von Köln; Zeitgenosse von Gregor von Tours (s.u.); Erbauer der Basilika des hl. Mallosus in Xanten; wurde der Legende nach in Tongern von Räubern erschlagen und gilt daher als Märtyrer; im Jahre 955 Überführung der Gebeine nach Köln durch Erzbischof Brun I. (s. o).

S. 29, 87, 90, 101

Friedrich Wilhelm, Kurfürst von Brandenburg * 1620 † 1688; Sohn des Kurfürsten Georg Wilhelm mit seiner Ehefrau Charlotte von der Pfalz; übernahm mit 20 Jahren die Herrschaft; 1646 Heirat mit seiner Cousine Louise Henriette von Oranien in Den Haag; das Ehepaar residierte bis 1650 in Kleve und siedelte dann nach Berlin um; bereits unter seinem Vater, dem Kurfürsten Georg Wilhelm, war Xanten 1614 per Vertrag unter brandenburgische Herrschaft gekommen; 1647–1662 Bau der evangelischen Kirche in Xanten auf Veranlassung Friedrich Wilhelms; 1657 Geburt von Markgraf Friedrich III., dem späteren König Friedrich I.

S. 33

Friedrich III. von Saarwerden * um 1348 † 1414; zweiter Sohn von Graf Johann II. von Saarwerden mit seiner Ehefrau Klara; von Kindheit an für die kirchliche Laufbahn bestimmt; 1368 Studium an der Universität von Bologna; 1370–1414 Erzbischof von Köln; 1375 wegen hoher Schulden an die Kurie exkommuniziert; 1378 Aufhebung der Exkommunikation und Schuldenerlass durch Papst Urban VI.; 1388 Gründung der Universität Köln.

S. 31, 75, 93

Germanicus * 15 v. Chr. † 19 n. Chr.; Bruder des späteren Kaisers Claudius (s.o.); verheiratet mit Agrippina der Älteren (s.o.) und Vater des späteren Kaisers Caligula (s.o.); im Jahre 4 n. Chr. Adoption durch seinen Onkel Tiberius (s.u.); 14–16 n. Chr. Oberbefehlshaber der Rheintruppen; 14 Niederschlagung des Soldatenaufstandes in Germanien nach dem Tod des

Augustus; im Herbst des Jahres 15 zieht Germanicus mit drei Legionen über den Rhein und besucht unter anderem das Schlachtfeld im Teutoburger Wald.

S. 47, 68

Gregor von Tours (Gregorius Florentius) * 538 † 594; Sohn einer römischen Senatorenfamilie; 563 Diakonweihe; 573 Bischof von Tours; Verfasser der „Historia Francorum" (zehn Bände über die Geschichte der Franken bis in das Jahr 591) und diverser Berichte über Wundertaten.

S. 29, 87f., 90

Heinrich I. von Molenark (Müllenark) * 1190 † 1238; aus einem Adelsgeschlecht des Jülicher Landes bei Düren; 1225–1238 Erzbischof von Köln; Heinrich veranlasste die Hinrichtung des Mörders seines Vorgängers Engelbert I. von Berg; raumgreifende Städtepolitik durch Verleihung von Stadtrechten (z. B. Xanten, Rees, Rheinberg).

S. 30, 75, 101

Johann Moritz von Nassau-Siegen * 1604 † 1679; Landesherr der Grafschaft Nassau-Siegen; 1637–1644 holländischer Generalgouverneur in Brasilien; unter seiner Herrschaft blühte die Kolonie auf; nach seiner Rückkehr bis zu seinem Tode Statthalter des brandenburgischen Kurfürsten Friedrich Wilhelm (s.o.) in Kleve; 1652 Ernennung zum Fürsten von Nassau-Siegen und Wahl in das Amt des Herrenmeisters des Johanniterordens der Provinz Brandenburg; setzte zusammen mit führenden Baumeistern und Gartenarchitekten seiner Zeit die Gestaltung von Bauten und Gärten um (z. B. Parkanlagen und Grabmahl in Kleve).

S. 44

Lothar III. * Juni 1075 † 3.12.1137; auch Lothar von Süpplingenburg genannt; Sohn des Grafen Gebhard von Süpplingenburg; 1106 Verleihung des Herzogtums Sachsen an Lothar durch König Heinrich V.; nach dem Tod Heinrichs wurde Lothar am 24. August 1125 überraschend zum deutschen König gewählt; am 8. Juni 1133 durch Papst Innozenz II. zum Kaiser gekrönt; nach seinem Tod im Dom zu Königslutter beigesetzt.

S. 105

Maximinianus (Marcus Aurelius Valerius) * unbekannt † 309 n. Chr.; Mitregent von Kaiser Diocletian; Teilnahme an Christenverfolgungen; der Legende nach wurden auf seine Veranlassung hin die Soldaten der thebäischen Legion hingerichtet; Abdankung im Jahre 305; 306 erneut Kaiser neben seinem Sohn Maxentius; 309 durch seinen Schwiegersohn, den späteren Kaiser Constantin den Großen, gefangen gesetzt; anschließend Selbstmord in Massilia.

S. 87

Mercator (Gerhard) * 1512 † 1594; Geograph und Kartograph; Studium der Philosophie, Mathematik und Astronomie; 1538 Erstellung der ersten Weltkarte; 1541 Auftrag von Kaiser Karl V. zur Anfertigung einer Erd- und Himmelskugel; seit 1552 lebte Mercator in Duisburg; 1554 gab er dort die berühmte Europakarte heraus.

S. 48, 62

Nero (Lucius Domitius Ahenobarbus) * 37 n. Chr. † 68 n. Chr. (Selbstmord); nach der Adoption durch Kaiser Claudius im Jahre 50: **Nero Claudius Caesar**; 54–68 römischer Kaiser; Nero verfiel während seiner Herrschaft mehr und mehr in den „Caesarenwahnsinn"; Christenverfolgung wegen angeblicher Brandstiftung in Rom; im Jahre 68 Selbstmord nach Aufständen in Spanien und Gallien; Ächtung durch den Senat und Abfall der Prätorianergarde; Erlöschen des julisch-claudischen Herrschergeschlechtes.

S. 51ff., 55, 58, 60

Nerva (Marcus Cocceius) * 30 n. Chr. † 98 n. Chr.; 96–98 n. Chr. römischer Kaiser; nach den innenpolitischen Entgleisungen seines Vorgängers Domitian setzte er den Senat wieder in seine ursprüngliche Stellung ein; Adoption von Marcus Ulpius Traianus (s. o), den Militärkommandanten in Germania superior.

S. 22

Norbert von Xanten * 1080 † 1134; der Grafensohn Norbert aus dem Geschlecht von Gennep trat im Jahre 1105 in das Viktorstift ein; 1115 Priesterweihe; anschließend verließ Norbert Xanten, um gemeinsam mit Gleichgesinnten ein genügsames Leben als Bußprediger zu führen; im Jahre 1120 Gründung des Prämonstratenserordens; 1128 Ernennung zum Erzbischof von Magdeburg; durch Kaiser Lothar III. (s.o.) Bestellung zum Reichskanzler in Italien; der 1582 heilig gesprochene Norbert gilt auch als Landespatron von Böhmen, da seine Gebeine während des Dreißigjährigen Krieges 1626 nach Prag gebracht wurden.

S. 62

Otto I. * 23.11.912 † 7.5.973; auch Otto der Große genannt; Herzog der Sachsen; nach dem Tod seines Vaters, Heinrich I., wurde er im Jahre 936 in Aachen zum König des „Reichs der Deutschen" gewählt; Begründer des ottonisch-salischen Reichskirchensystems; 962 in Rom zum Kaiser des „Heiligen Römischen Reichs" gekrönt.

S. 90

Peutinger (Konrad) * 1465 † 1547; wohlhabender Augsburger Ratsherr und Humanist; Jurastudium in Italien; Veröffentlichung römischer Inschriften; Verfasser eines „römischen Kaiserbuches"; Besitzer einer mittelalterlichen Kopie der berühmten römischen Weltkarte, die nach ihm Tabula Peutingeriana benannt ist.

S. 48, 67

Plinius der Ältere (Gaius Plinius Secundus maior) * um 23 n. Chr. † 79 n. Chr.; um die Mitte des 1. Jh. n. Chr. war Plinius als Reiterkommandant am Niederrhein stationiert; seine Beobachtungen, vor allem die Beschreibung der kriegerischen Auseinandersetzungen zwischen Römern und Germanen (Bellorum Germaniae; leider verloren gegangen) waren unter anderem Grundlage für die Geschichtswerke des Tacitus (s.u.); sein bekanntestes Werk ist die Naturalis Historia (37 Bücher) mit natur- und kulturwissenschaftlichen Inhalten; zuletzt Flottenkommandant in Misenum; kam beim großen Ausbruch des Vesuvs ums Leben.

S. 48, 84

Ptolemaios (Klaudius) * ca. 100 † 170 n. Chr.; der Naturforscher und bedeutende antike Astronom, Astrologe, Mathematiker und Geograph stammte aus Ptolemais in Ägypten; er lehrte ab ca. 146 bis zu seinem Tode in Alexandria und verfasste das acht Bände starke geographische Werk als Grundlage für die Erstellung einer Weltkarte; Erwähnung findet auch Niedergermanien mit seinen römischen Städten und Ortschaften.

S. 22

Statius (Publius Papinius) * ca. 40 n. Chr. † 96 n. Chr.; bis in das Mittelalter hinein häufig gelesener römischer Schriftsteller aus Neapel; seine bekanntesten Werke: die zwölf Bücher Thebais (Sieben gegen Theben), Achilleis (Achill auf Skyros und der Aufbruch der Griechen; unvollendet) und die 32 Gedichte Silvae.

S. 66

Tacitus (Publius Cornelius) * um 55 † 120 n. Chr.; römischer Geschichtsschreiber; seit 97 Consul; Verfasser der Germania (De origine et situ Germanorum), Annales (Ab excessu Divi Augustae) und Historiae (Römische Geschichte zwischen 69 und 96); sehr gute Darstellung Germaniens auf Grund der Aussagen von Augenzeugen (Gefangenen, Soldaten oder Händlern); Auswertung bereits vorliegender Schriftquellen (z. B. von Plinius dem Älteren; s. o).

   S. 20, 47ff., 54, 68

Tiberius (Claudius Nero) * 42 v. Chr. † 37 n. Chr.; Stiefsohn von Augustus; 16 v. Chr. gemeinsam mit Augustus in Gallien; nach dem Tod seines Bruders Drusus 9 v. Chr. (s.o.) Fortsetzung der Germanienkriege und Vorstoß bis an die Elbe; 4 n. Chr. erneuter Zug gegen die Germanen; nach der Adoption durch Augustus: **Tiberius Iulius Caesar**; adoptierte seinerseits im Jahre 4 seinen Neffen Germanicus (s.o.); in den Jahren 6-9 n. Chr. erfolgreiche Unterdrückung des Aufstandes der Illyrer; 14–37 römischer Kaiser.

   S. 19, 22, 47

Traianus (Marcus Ulpius) * 53 † 117 n. Chr.; geboren in Spanien, war Traianus erster Kaiser (ab 98) mit Abstammung aus einer der römischen Provinzen; zuvor Bewährung als Militärtribun, Consul und ab 96 Stadthalter von Obergermanien (Sitz in Mainz); Adoption durch Kaiser Nerva (s.o.) und ab 97 Mitregent; um 100 Gründung der Colonia Ulpia Traiana; Ausbau des Limes; unter Traian größte Ausdehnung des römischen Imperiums, unter anderem Unterwerfung der Daker.

   S. 22, 100

Varus (Publius Quinctilius) * um 46 v. Chr. † 9 n. Chr. (Selbstmord); 13 v. Chr. Consul; 6–4 v. Chr. Statthalter in Syrien; 6 n. Chr. römischer Oberbefehlshaber und Statthalter des Kaisers Augustus in Germanien; sein Auftrag, den römischen Machtbereich bis zur Elbe hin auszudehnen, endete 9 n. Chr. in der berühmten Schlacht im Teutoburger Wald mit einer totalen Niederlage; anschließend stürzte Varus sich in sein Schwert.

   S. 44f.

Zwirner (Ernst Friedrich) * 1802 † 1861; Schüler Friedrich Schinkels an der Bauakademie in Berlin; Profanbauten am Niederrhein: z. B. Umbau von Schloss Moyland (Bedburg Hau) und Bau von Haus Fürstenberg (Xanten); spezialisiert auf Kirchenbauten, unter anderem Apollinariskirche in Remagen; ab 1833 bis zu seinem Tode Dombaumeister in Köln; ab 1842 Vollendung des Kölner Domes nach seinen Entwürfen.

   S. 64

Register der im Text
erwähnten römischen Ortsnamen

Literaturauswahl

Arbeitsgrundlagen des Rheinischen Amtes für Bodendenkmalpflege, Heft 4. Archäologische Bestandserhebung in mittelalterlichen Stadtkernen des Rheinlands: Xanten. Bonn 1996.

Bader, Walter
Die Stiftskirche des Hl. Viktor zu Xanten. Xanten 1985.

Bechert, Tilmann
Römisches Germanien zwischen Rhein und Maas. Die Provinz Germania Inferior. Feldmeilen/Zürich 1982.

Binding, Günther
Stift, Burg und Stadt Xanten. Führer zu vor- und frühgeschichtlichen Denkmälern 14, Mainz 1969, 192-198.

Borger, Hugo und Oediger, Wilhelm
Beiträge zur Frühgeschichte des Xantener Viktorstiftes. Rheinische Ausgrabungen 6, Düsseldorf 1969.

Bridger, Clive und Siegmund, Frank
Die Xantener Stiftsimmunität. Grabungsgeschichte und Überlegungen zur Siedlungstopographie. Rheinische Ausgrabungen 27, Köln/Bonn 1987, 63–133.

Denkmal an Natur. Schutz von Natur und Bodendenkmal im Archäologischen Park Xanten. Kleve 2003.

Fischer, Thomas
Die Römer in Deutschland, Stuttgart 2001 (2. Aufl.).

Gechter, Michael
Die Anfänge des niedergermanischen Limes. Bonner Jahrbücher 179, 1979, 1–138.

Hanel, Norbert
Vetera I. Die Funde aus den römischen Lagern auf dem Fürstenberg bei Xanten: Rheinische Ausgrabungen 35, Köln/Bonn 1995.

Heimberg, Ursula und Rieche, Anita
Colonia Ulpia Traiana. Die römische Stadt. Planung – Architektur – Ausgrabung. Köln/Bonn 1998 (Neubearbeitung: Ursula Grote).

Hiller, Hilde
Archäologische Studien von St. V. Pighius in Xanten. In: Richard Harprath und Henning Wrede (Hrsg.), Antikenzeichnung und Antikenstudium in Renaissance und Frühbarock. Akten des Internationalen Symposions 8.–10.9.1986 in Coburg, Mainz 1989, 167–183.

Hinz, Hermann
Ein frührömisches Gräberfeld auf dem Kirchhügel in Birten, Kreis Moers. Rheinische Ausgrabungen 12, Bonn 1972, 24–83.

Horn, Heinz Günther
Die Römer in Nordrhein-Westfalen, Stuttgart 1987.

Junkelmann, Marcus
Die Legionen des Augustus. Der römische Soldat im archäologischen Experiment. Kulturgeschichte der Antiken Welt 33, Mainz 1986.

Kastner, Dieter
750 Jahre Stadt Xanten, Köln 1978.

Klostermann, Josef
Zur Geologie der Flussablagerungen am Niederrhein. In: Harald Koschik (Hrsg.), Kiesgewinnung und archäologische Denkmalpflege. Materialien zur Bodendenkmalpflege im Rheinland 8, Köln/Bonn 1997, 77–92.

Kremer, Josef
Studien zum frühen Christentum in Niedergermanien. Inauguraldissertation zur Erlangung der Doktorwürde, vorgelegt der Philosophischen Fakultät der Rheinischen Friedrich-Wilhelms-Universität zu Bonn 1993 (Universitätsdruck).

Kühlborn, Johann-Sebastian
Germaniam pacavi. Münster 1995.

Landeskonservator Rheinland (Hrsg.)
Xanten. Europäische Beispielstadt. Arbeitsheft 9, Köln 1975.

Luley, Helmut und Wegener, Wolfgang
Erfahrungen und Ergebnisse der amtli-

chen Bodendenkmalpflege im Rheinland mit der Archäologischen Bestandserhebung. In: Heinz Günter Horn et al. (Hrsg.), Stadtentwicklung und Archäologie. Schriften zur Bodendenkmalpflege in Nordrhein-Westfalen 7, Essen 2004, 127–148.

Müllers, Wilhelm
Xanten im Bild, Teil II. Graphische Blätter des 17.–19. Jhs. Führer des Regionalmuseums Nr. 9, Köln/Bonn 1978.

Obladen-Kauder, Julia
Archäologischer Landschaftspark Fürstenberg – Konzept eines archäologisch-kulturlandschaftlichen Reservates. Xantener Berichte 12, Mainz 2002, 279–288.

Otten, Thomas
Die Ausgrabungen unter St. Viktor zu Xanten. Dom und Immunität. Rheinische Ausgrabungen 53, Mainz 2003.

Petrikovits, Harald von
Artikel „Vetera". In: Pauly's Realencyclopädie der classischen Altertumswissenschaften, Bd. 8A, 2, Stuttgart 1955, col. 1801–1834.

Petrikovits, Harald von
Die Legionsfestung Vetera II. Beihefte Bonner Jahrbücher 36, Bonn 1976, 229–281.

Pirling, Renate
Römer und Franken am Niederrhein, Mainz 1986

Precht, Gundolf
Die geplante Stadt. Römischer Städtebau am Beispiel der Colonia Ulpia Traiana. Archäologie in Deutschland 2, 1988, 29–35.

Precht, Gundolf und Schalles, Hans-Joachim (Hrsg.)
Spurenlese. Beiträge zur Geschichte des Xantener Raumes, Köln/Bonn 1989.

Rüger, Christoph
Das Amphitheater in Birten bei Xanten. Das RLM Bonn 5, 1969, 67.

Runde, Ingo
Xanten im frühen und hohen Mittelalter. Sagentradition – Stiftsgeschichte – Stadtwerdung. Köln/Weimar/Wien 2003.

Schalles, Hans-Joachim
Archäologischer Park/Regionalmuseum Xanten – eine Zwischenbilanz. Xantener Berichte 12, Mainz 2002, 255–266.

Soechting, Dirk
Xanten im Bild, Teil I. Gemälde, Aquarelle und Zeichnungen des 15.–20. Jh. Führer des Regionalmuseums Nr. 8, Köln/Bonn 1978.

Steeger, Albert
Vom Xanten des Nibelungenliedes. Die Heimat, Bd. 13, Krefeld 1934, 78–89.

Trier, Bendix (Hrsg.)
2000 Jahre Römer in Westfalen, Münster 1989.

Wegner, Hans-Helmut
Der Siedlungsraum von Xanten und Umgebung in prähistorischer Zeit. Xantener Berichte 12, Mainz 2002, 109–128.

Abkürzungen

APX	Archäologischer Park Xanten
CCAA	Colonia Claudia Ara Agrippinensium
CUT	Colonia Ulpia Traiana
RMX	Regionalmuseum Xanten

bzw.	beziehungsweise
ca.	circa
Jh.	Jahrhundert
Jt.	Jahrtausend
hl.	heiliger
n. Chr.	nach Christi Geburt
s.o.	siehe oben
s.u.	siehe unten
usw.	und so weiter
v. Chr.	vor Christi Geburt
z.B.	zum Beispiel

Abbildungsnachweis

(Abkürzungen: APX = Archäologischer Park Xanten; LVA = Landesvermessungsamt Nordrhein-Westfalen; LVR = Landschaftsverband Rheinland; MZR = Medienzentrum Rheinland; NAVX = Niederrheinischer Altertumsverein Xanten e. V.; RAB = Rheinisches Amt für Bodendenkmalpflege; RLMB = Rheinisches LandesMuseum Bonn)

Faltplan 1–3
> T. Könings, LVR/RAB

Faltplan 4
> aus: OTTEN, T., Die Ausgrabungen unter St. Viktor zu Xanten. Dom und Immunität. Rhein. Ausgrabungen 53, Bonn 2003, Planbeilagen 5–8; überarbeitet von T. Könings, LVR/RAB

Faltplan 5–6
> aus: BORGER, H. u. OEDIGER, W., Beiträge zur Frühgeschichte des Xantener Viktorstiftes. Rhein. Ausgrabungen 6, Düsseldorf 1966, Falttafel 28–30; überarbeitet von T. Könings, LVR/RAB

Abb. 1–3, 12, 21, 37, 41, 44, 47–48, 53, 87, 94
> T. Könings, LVR/RAB

Abb. 4, 19, 28, 43
> B. Song, Ruhr-Universität Bochum

Abb. 5
> H. Berkel, LVR/RAB

Abb. 6–10, 24–27, 29, 38, 45
> F. Hilscher-Ehlert, LVR/RLMB

Abb. 11, 23
> H. Luley, LVR/RAB

Abb. 13–16, 18, 59
> H. Stelter, LVR/APX

Abb. 17, 64, 77
> W. Sengstock LVR/RAB

Abb. 20, 54–55, 66, 70, 74, 76
> NAVX

Abb. 22, 51
> LVR/MZR

Abb. 30, 36, 49, 61, 62, 78
> LVR/RLMB

Abb. 31
> aus: DIEDENHOFEN, W., Begräbnis und Epitaphium. Das Grabmahl zu Bergental bei Kleve. Kalender für das Klever Land 1979, S. 14, Abb. 4

Abb. 32
> aus: SCHELLER, H., Die Entstehung der Bislicher Insel. Bonner Jahrb. 157, 1957, Taf. 34, Abb. 1

Abb. 33–35
> LVA

Abb. 39, 42
> LVR/APX

Abb. 40

aus: HORN, H. G. (Hrsg.), Die Römer in Nordrhein-Westfalen, Stuttgart 1987, S. 622; überarbeitet von T. Könings, LVR/RAB

Abb. 46, 50, 52, 65, 68–69, 71–73, 79, 88–89

J. Obladen-Kauder, LVR/RAB

Abb. 56, 58, 60

C. Bridger-Kraus, LVR/RAB

Abb. 57, 63

aus: BECHERT, T., Römisches Germanien zwischen Rhein und Maas, München 1982, Abb. 119, 244; überarbeitet von T. Könings, LVR/RAB

Abb. 67

aus: MÜLLERS, W., Xanten im Bild Teil II. Graphische Blätter des 17.–19. Jahrhunderts, Köln 1978, S. 13, Abb. 4

Abb. 75

aus: MAINZER, U., Das Rheintor in Xanten 1746. Jahrbuch Kreis Wesel 2000, S. 22

Abb. 80

aus: OTTEN, T., Die Ausgrabungen unter St. Viktor zu Xanten. Dom und Immunität. Rhein. Ausgrabungen 53, Mainz 2003, S. 155, Abb. 47

Abb. 81–83, 85

aus: BADER, W., Die Stiftskirche des hl. Viktor zu Xanten, Xanten 1985, Abb. 40, 46, 49, 60

Abb. 84

aus: BADER, W., Die Stiftskirche des hl. Viktor zu Xanten, Xanten 1985, Abb. 52; überarbeitet von T. Könings, LVR/RAB

Abb. 86

aus: KÜSTERS, L., Der Dom zu Xanten von seiner Entstehung bis zur Vollendung, in: 700 Jahre Stadt Xanten, Xanten 1928, S. 138, Abb. 4

Abb. 90

aus: SOECHTING, D., Xanten im Bild – Teil I. Gemälde, Aquarelle und Zeichnungen des 15.–20. Jahrhunderts, Köln 1978, S. 19, Abb. 5

Abb. 91

aus: WEBER, G., Schnell gebaut und schnell in Flammen. Archäologie in Deutschland 3, 2002, S. 31

Abb. 92

aus: HEIMBERG, U., u. RÜGER, Chr., Eine Töpferei im Vicus vor der Colonia Ulpia Traiana, in: Beiträge zur Archäologie des römischen Rheinlandes III. Rhein. Ausgrabungen 12, Bonn 1972, S. 85, Abb. 1

Abb. 93

Chr. Rüger, RLMB

Seite 9

rekonstruiertes urgeschichtliches Haus: H. Luley, LVR/RAB

Seite 37

römische Heizungsanlage: Axel Thünker, DGPh (Bad Münstereifel)

Seite 99

Luftbild Vetera I: B. Song, Ruhruniversität Bochum sowie Fotos APX und Stadt Xanten: T. Könings; montiert und überarbeitet von T. Könings, LVR/RAB

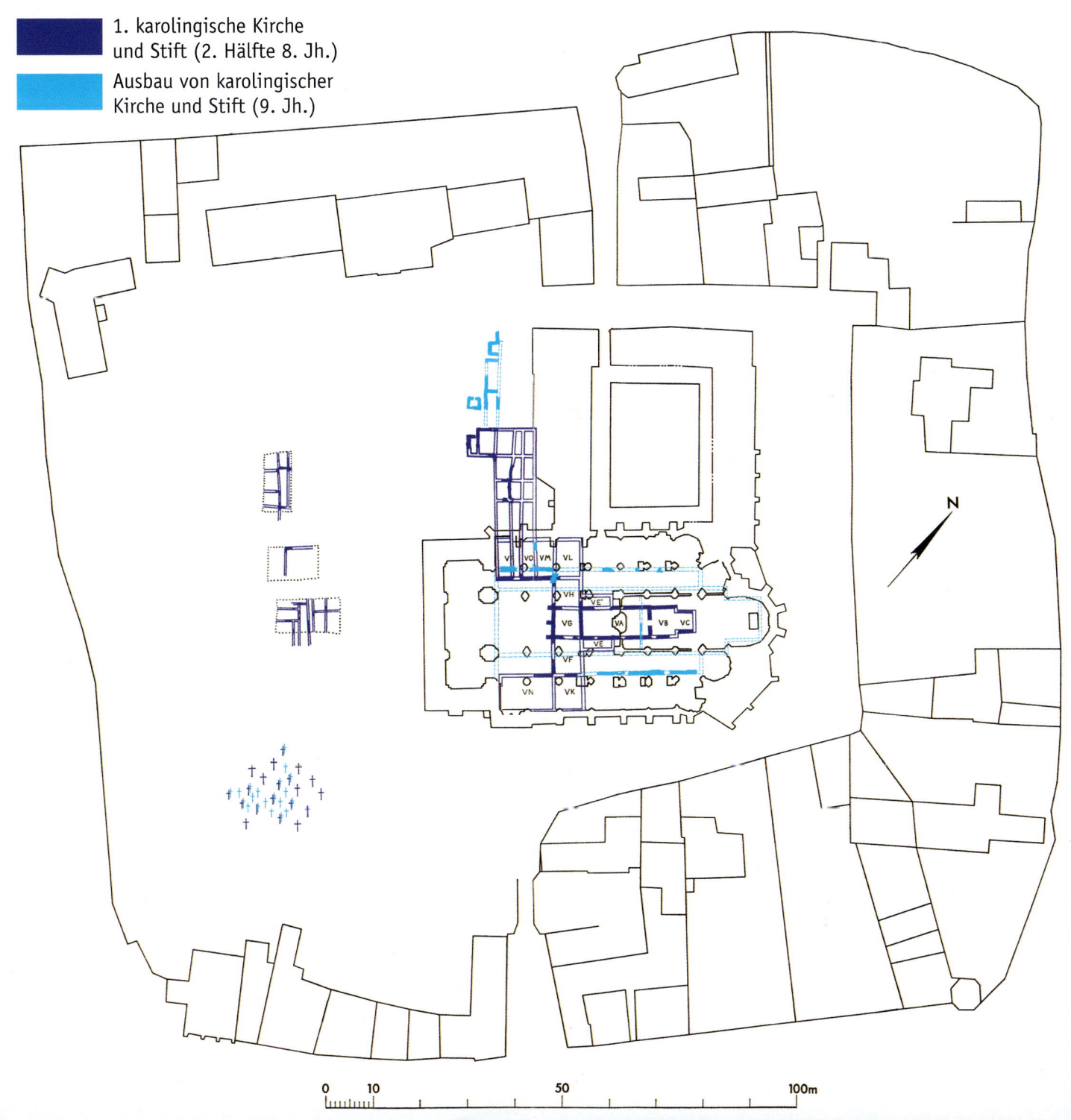

1. karolingische Kirche
und Stift (2. Hälfte 8. Jh.)

Ausbau von karolingischer
Kirche und Stift (9. Jh.)

N

0   10   50   100m

Faltplan 5

Dom und Stiftsimmunität
im 8. bis 9. Jh.

© Verlag des Rheinischen Vereins für Denkmalpflege
und Landschaftsschutz, Köln 2005
Topographische Karten: Landesvermessungsamt NRW,
Bonn, 2004 022

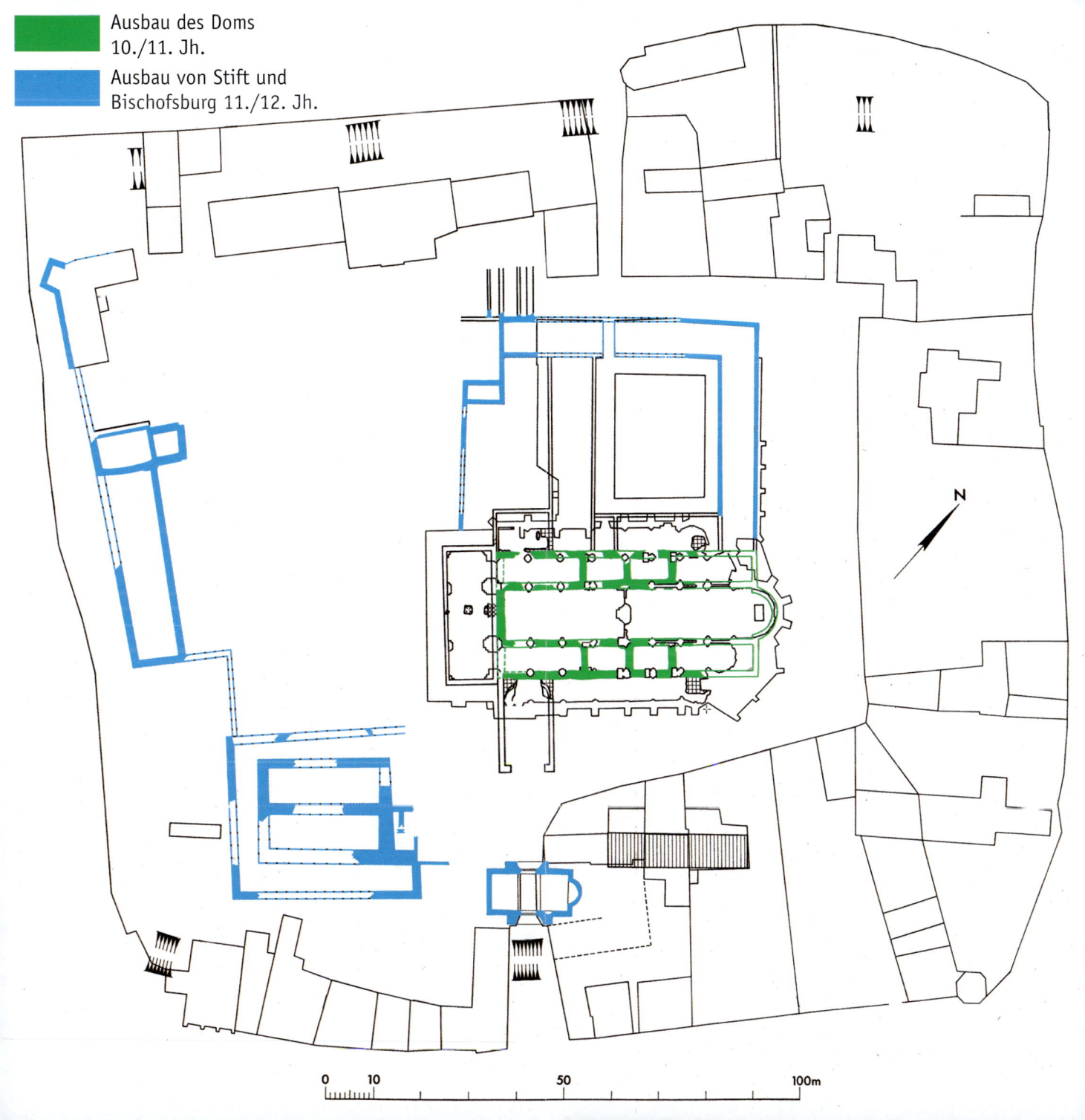

Ausbau des Doms
10./11. Jh.

Ausbau von Stift und
Bischofsburg 11./12. Jh.

N

0 10 50 100m

Faltplan 6

Dom und Stiftsimmunität
im 10. bis 12. Jh.

© Verlag des Rheinischen Vereins für Denkmalpflege
und Landschaftsschutz, Köln 2005
Topographische Karten: Landesvermessungsamt NRW,
Bonn, 2004 022